ÉMILE AUGIER

DE L'ACADÉMIE FRANÇAISE

LE FILS

DE

GIBOYER

TROISIÈME ÉDITION

PARIS

MICHEL LÉVY FRÈRES, LIBRAIRES ÉDITEURS

RUE VIVIENNE, 2 BIS, ET BOULEVARD DES ITALIENS, 15

A LA LIBRAIRIE NOUVELLE

M DCCC LXIII

LE

FILS DE GIBOYER

COMÉDIE

Représentée pour la première fois, à Paris,
sur le Théâtre-Français, par les Comédiens ordinaires de l'Empereur,
le 1er décembre 1862

OEUVRES COMPLÈTES

D'ÉMILE AUGIER

Format grand in-18

L'Aventurière, comédie en quatre actes, en vers.

Un Beau Mariage, comédie en cinq actes, en prose.

Ceinture dorée, comédie en trois actes, en prose.

La Chasse au roman, comédie en trois actes, en prose.

La Ciguë, comédie en deux actes, en vers.

Diane, comédie en cinq actes, en vers.

Les Effrontés, comédie en cinq actes, en prose.

Gabrielle, comédie en cinq actes, en vers.

Le Gendre de M. Poirier, comédie en quatre actes, en prose.

L'Habit vert, proverbe en un acte, en prose.

L'Homme de bien, comédie en trois actes, en vers.

La Jeunesse, comédie en cinq actes, en vers.

Les Lionnes pauvres, comédie en cinq actes, en prose.

Le Mariage d'Olympe, comédie en trois actes, en prose.

Les Méprises de l'amour, comédie en cinq actes, en vers.

Philiberte, comédie en trois actes, en vers.

La Pierre de touche, comédie en cinq actes, en prose.

Sapho, opéra en trois actes.

POÉSIES COMPLÈTES, 1 volume

PARIS. — IMPRIMERIE DE J. CLAYE, RUE SAINT-BENOIT, 7

LE FILS

DE

GIBOYER

COMÉDIE

EN CINQ ACTES EN PROSE

PAR

ÉMILE AUGIER

de l'Académie Française

TROISIÈME ÉDITION

PARIS

MICHEL LÉVY FRÈRES, LIBRAIRES ÉDITEURS

RUE VIVIENNE, 2 BIS, ET BOULEVARD DES ITALIENS, 15

A LA LIBRAIRIE NOUVELLE

—

M DCCC LXIII

AUX ARTISTES

QUI INTERPRÈTENT MA COMÉDIE

AVEC UNE SI RARE PERFECTION

HOMMAGE

D'AFFECTUEUSE RECONNAISSANCE

ÉMILE AUGIER

Quoi qu'on en ait dit, cette comédie n'est pas une pièce
politique, dans le sens courant du mot : c'est une pièce
sociale. Elle n'attaque et ne défend que des idées, abstrac-
tion faite de toute forme de gouvernement.

Son vrai titre serait *les Cléricaux,* si ce vocable était
de mise au théâtre.

Le parti qu'il désigne compte dans ses rangs des
hommes de toutes les origines, des partisans de l'empire
comme des partisans de la branche aînée et de la branche
cadette des Bourbons. Maréchal, actuellement député,
le marquis d'Auberive, Couturier de la Haute-Sarthe,
ancien parlementaire, représentent dans ma comédie les
trois fractions du parti clérical, unies dans la haine ou la
peur de la démocratie; et si Giboyer les englobe toutes
trois sous la dénomination de *légitimistes,* c'est qu'en

effet les légitimistes seuls sont logiques et n'abdiquent pas en combattant l'esprit de 89.

L'antagonisme du principe ancien et du principe moderne, voilà donc tout le sujet de ma pièce. Je défie qu'on y trouve un mot excédant cette question; et j'ai l'habitude de dire les choses assez franchement pour ne laisser à personne le droit de me prêter des sous-entendus.

D'où viennent donc les clameurs qui s'élèvent contre ma comédie? Par quelle adresse cléricale soulève-t-on contre elle la colère de partis auxquels elle ne touche pas? Par quelle falsification de mes paroles arrive-t-on à feindre de croire que j'attaque les gouvernements tombés? Certes, c'est une tactique adroite de susciter contre moi un sentiment chevaleresque qui a un écho dans tous les cœurs honnêtes; mais où sont-ils ces ennemis que je frappe à terre? Je les vois debout à toutes les tribunes; ils sont en train d'escalader le char de triomphe; et quand j'ose, moi chétif, les tirer par la jambe, ils se retournent indignés en criant : Respect aux vaincus!

En vérité, c'est trop plaisant !

Un reproche plus spécieux qu'ils m'adressent, c'est d'avoir fait des personnalités.

Je n'en ai fait qu'une : c'est Déodat. Mais les représailles sont si légitimes contre cet insulteur, et il est d'ailleurs si bien armé pour se défendre!

Quant à l'homme d'État considérable et justement honoré qu'on m'accuse d'avoir mis en scène, je proteste énergiquement contre cette imputation : aucun de mes personnages n'a la moindre ressemblance avec lui, ni de près ni de loin. Je connais les droits et les devoirs de la Comédie aussi bien que mes adversaires : elle doit le respect aux personnes, mais elle a droit sur les choses. Je me suis emparé d'un fait de l'histoire contemporaine qui m'a paru un symptôme frappant et singulier de la situation troublée de nos esprits; je n'en ai pris que ce qui appartient directement à mon sujet, et j'ai eu soin d'en changer les circonstances pour lui ôter tout caractère de personnalité. Que peut-on me demander de plus?

Répondrai-je à ceux qui reprochent à ma comédie d'avoir été autorisée, c'est-à-dire d'exister? Le point est délicat. S'il est permis de comparer les petites choses aux grandes, je demanderai à ces puritains qui a jamais songé à reprocher au *Tartufe* la tolérance de Louis xiv?

ÉMILE AUGIER.

LE FILS DE GIBOYER

PERSONNAGES

LE MARQUIS D'AUBERIVE.	MM. SAMSON.
LE COMTE D'OUTREVILLE	LAROCHE.
M. MARÉCHAL.	PROVOST.
GIBOYER.	GOT.
MAXIMILIEN GÉRARD.	DELAUNAY.
LA BARONNE PFEFFERS.	Mmes ARNOULD-PLESSY.
MADAME MARÉCHAL.	NATHALIE.
FERNANDE	FAVART.
DUBOIS, valet de chambre du Marquis.	MM. BARRÉ.
M. COUTURIER DE LA HAUTE-SARTHE.	MIRECOUR.
LE VICOMTE DE VRILLIÈRE.	VERDELLET.
LE CHEVALIER DE GERMOISE	RAYMOND.
MADAME DE LAVIEUXTOUR.	Mlle COBLENTZ.

La scène est à Paris, de nos jours

LE
FILS DE GIBOYER

ACTE PREMIER.

Le cabinet du marquis. — Porte au fond. À droite de la porte une petite bibliothèque; à gauche, une armoire d'armes. — Au premier plan, à gauche, une cheminée, à côté de laquelle une causeuse et un guéridon. — Au milieu de la scène, une table.

SCÈNE PREMIÈRE.

LE MARQUIS, achevant de déjeuner sur le guéridon; DUBOIS, la serviette sur le bras, tient à la main une bouteille de Xérès.

LE MARQUIS.

Je crois que l'appétit est tout à fait revenu.

DUBOIS.

Oui, monsieur le Marquis, et il est revenu de loin. Qui dirait, à vous voir, que vous sortez de maladie! Vous avez un visage de nouveau marié.

LE MARQUIS.

Tu trouves?

DUBOIS.

Et je ne suis pas le seul. Toutes les commères du quartier me disent : « M. Dubois, cet homme-là... (sauf votre respect, monsieur le Marquis) cet homme-là se remariera, et plus tôt que plus tard. Il a du conjungo dans l'œil. »

LE MARQUIS.

Ah ! elles disent cela, les commères ?

DUBOIS.

Elles n'ont peut-être pas tort.

LE MARQUIS.

Apprenez, monsieur Dubois, que quand on a eu le malheur de perdre un ange comme la marquise d'Auberive, on n'a pas la moindre envie d'en épouser un second. — Verse-moi à boire.

DUBOIS, lui versant.

Je comprends cela; mais monsieur le Marquis n'a pas d'héritier, c'est bien pénible.

LE MARQUIS.

Et qui te dit que j'en aurais ?

DUBOIS.

Oh ! j'en suis bien sûr.

LE MARQUIS.

L'entendez-vous comme Corvisart?

DUBOIS.

Corvisart?

LE MARQUIS.

Je ne me soucie pas d'être père *in partibus infidelium ;* c'est pourquoi veuf je suis et veuf je resterai : vous pouvez en faire part aux commères.

DUBOIS.

Mais votre nom, monsieur le Marquis! Cet antique nom d'Auberive, le laisserez-vous s'éteindre? Permettez à un vieux serviteur d'en être navré.

LE MARQUIS.

Que diable, mon bon ami, ne soyez pas plus royaliste que
le roi!

DUBOIS.

Et que voulez-vous que je devienne, moi? S'il n'y a plus
d'Auberive au monde, qui voulez-vous que je serve?

LE MARQUIS.

Tu as des économies : tu vivras en bourgeois, tu seras ton
maître.

DUBOIS.

Quelle chute! Je ne m'en relèverai pas. Votre vieux serviteur vous suivra dans la tombe.

LE MARQUIS.

A quinze pas, s'il vous plaît! — Tu m'attendris, Dubois;
sèche tes larmes, tout n'est pas désespéré.

DUBOIS.

Quoi! mon maître se rendrait à mes humbles prières?

LE MARQUIS.

Non, mon ami; j'ai fait mon temps et je ne reprendrai
pas de service. Mais je tiens à mon nom autant que tu peux
y tenir toi-même, sois-en persuadé, et j'ai trouvé une com-
binaison extrêmement ingénieuse pour le perpétuer sans
m'exposer.

DUBOIS.

Quel bonheur! je n'ose pas demander à monsieur le Marquis...

LE MARQUIS.

Tu fais bien! Reste dans cette modestie, et qu'il te suffise
de savoir que je te prépare des Auberive. J'attends aujour-
d'hui même... j'attends beaucoup de monde aujourd'hui.

DUBOIS.

Oh! le meilleur des maîtres!

LE MARQUIS.

Tu es un bon garçon, je ne t'oublierai pas.

DUBOIS, à part.

J'y compte bien.

LE MARQUIS.

Enlève le couvert ; je monterai à cheval à deux heures.

LA BARONNE, paraissant sur la porte.

A cheval !

DUBOIS, annonçant.

Mme la baronne Pfeffers. (Il sort.)

SCÈNE II.

LE MARQUIS, LA BARONNE.

LE MARQUIS.

Eh ! chère Baronne, qui peut valoir à un vieux garçon comme moi l'honneur d'une si belle visite ?

LA BARONNE.

En vérité, Marquis, c'est ce que je me demande. En vous voyant, je ne sais plus pourquoi je suis venue et j'ai bien envie de m'en retourner du même pas.

LE MARQUIS.

Asseyez-vous donc, méchante femme.

LA BARONNE.

Non pas ! — Comment, vous fermez votre porte pendant huit jours, vos gens ont des mines tragiques, vous tenez vos amis dans les transes, on vous pleure déjà, et quand on pénètre jusqu'à vous, on vous surprend à table !

LE MARQUIS.

Je vais vous dire : je suis une vieille coquette et je ne me montrerais pas pour un empire quand je suis de mauvaise humeur : or, la goutte me change entièrement le caractère ; elle me rend méconnaissable, c'est pourquoi je me cache.

LA BARONNE.

A la bonne heure ! Je cours rassurer nos amis.

LE MARQUIS.

Ils ne sont pas si inquiets que cela. Donnez-moi un peu de leurs nouvelles.

LA BARONNE.

C'est qu'il y en a un dans ma voiture qui m'attend.

LE MARQUIS.

Je vais lui envoyer dire que je le prie de monter.

LA BARONNE.

C'est que je ne sais si... si vous le connaissez.

LE MARQUIS.

Son nom?

LA BARONNE.

Je l'ai rencontré par hasard...

LE MARQUIS.

Et vous l'avez amené à tout hasard. (Il sonne.) Vous êtes une mère pour moi. (A Dubois.) Descendez, vous trouverez un ecclésiastique dans la voiture de Mme la baronne ; vous lui direz que je le remercie beaucoup de son aimable empressement, mais que je ne suis pas disposé à mourir ce matin.

LA BARONNE.

Ah ! Marquis, que diraient nos amis, s'ils vous entendaient ?

LE MARQUIS.

Bah ! je suis l'enfant terrible du parti, c'est convenu — et son enfant gâté. Dubois, vous ajouterez que madame la

Baronne prie M. l'Abbé de se faire reconduire et de lui renvoyer sa voiture ici.

LA BARONNE.

Permettez...

LE MARQUIS.

C'est comme cela. — Allez, Dubois. — Vous voilà ma prisonnière.

LA BARONNE.

Mais, Marquis, c'est à peine convenable.

LE MARQUIS, lui baisant la main.

Flatteuse ! — Asseyez-vous, cette fois, et causons de choses sérieuses, madame Égérie. (Prenant un journal sur la table.) La goutte ne m'a pas empêché de lire notre journal. Savez-vous que la mort de ce pauvre Déodat s'y fait cruellement sentir ?

LA BARONNE.

Ah ! quelle perte ! quel désastre pour notre cause !

LE MARQUIS.

Je l'ai pleuré.

LA BARONNE.

Quel talent! quelle verve ! quel sarcasme !

LE MARQUIS.

C'était le hussard de l'orthodoxie... Il restera dans nos fastes sous le nom du pamphlétaire angélique... *Conviciator angelicus*... Et maintenant que nous sommes en règle avec sa grande ombre...

LA BARONNE.

Vous en parlez bien légèrement, Marquis.

LE MARQUIS.

Puisque je l'ai pleuré!... Occupons-nous de son remplaçant.

LA BARONNE.

Dites son successeur. Le ciel ne suscite pas deux hommes
pareils coup sur coup.

LE MARQUIS.

Et si je vous disais que j'ai mis la main sur un second
exemplaire? Oui, Baronne, j'ai déterré une plume endia-
blée, cynique, virulente, qui crache et éclabousse; un gas
qui larderait son propre père d'épigrammes moyennant une
modique rétribution, et le mangerait à la croque-au-sel pour
cinq francs de plus.

LA BARONNE.

Permettez, Déodat était de bonne foi.

LE MARQUIS.

Parbleu! c'est l'effet du combat : il n'y a plus de merce-
naires dans la mêlée; les coups qu'ils reçoivent leur font une
conviction. Je ne donne pas huit jours à notre homme pour
nous appartenir corps et âme.

LA BARONNE.

Si vous n'avez pas d'autres garants de sa fidélité...

LE MARQUIS.

J'en ai ; je le tiens.

LA BARONNE.

Par où?

LE MARQUIS.

N'importe! je le tiens.

LA BARONNE.

Et qu'attendez-vous pour nous le présenter?

LE MARQUIS.

Lui d'abord, son consentement ensuite. Il habite Lyon :
je pense qu'il arrivera aujourd'hui ou demain. Le temps de
lui faire un bout de toilette et je l'introduis.

LA BARONNE.

En attendant, j'avertirai le comité de votre trouvaille?

LE MARQUIS.

Je vous prie. — Et à propos du comité, chère Baronne, vous serez bien aimable d'user de votre influence sur lui dans une affaire qui me touche personnellement.

LA BARONNE.

Mon influence sur lui n'est pas grande.

LE MARQUIS.

Est-ce de la modestie ou l'exorde d'un refus?

LA BARONNE.

S'il faut absolument que ce soit l'un ou l'autre, c'est de la modestie.

LE MARQUIS.

Eh bien! ma belle amie, apprenez, si vous ne le savez pas, que ces messieurs vous sont trop obligés pour vous rien refuser.

LA BARONNE.

Parce que mon salon leur sert de parloir?

LE MARQUIS.

D'abord; mais le vrai, le grand, l'inestimable service que vous leur rendez tous les jours, c'est d'avoir des yeux superbes.

LA BARONNE.

C'est bon pour vous, mécréant, de faire attention à ces choses-là.

LE MARQUIS.

C'est bon pour moi; mais c'est encore meilleur pour ces hommes graves, leurs chastes vœux n'allant pas au delà de cette sensualité mystique qui est le dévergondage de la vertu.

LA BARONNE.

Vous rêvez!

LE MARQUIS.

Soyez sûre de ce que je vous dis. C'est par ce motif et non autre que toutes les coteries sérieuses ont toujours élu pour quartier général le salon d'une femme tantôt belle, tantôt spirituelle : vous êtes l'un et l'autre, Madame ; jugez de votre empire !

LA BARONNE.

Vous me cajolez trop ; votre cause doit être détestable.

LE MARQUIS.

Si elle était excellente, je suffirais à la gagner.

LA BARONNE.

Voyons, ne me faites pas languir.

LE MARQUIS.

Voici la chose : nous avons à choisir notre orateur à la Chambre pour la campagne que nous préparons contre l'université ; je voudrais que le choix tombât...

LA BARONNE.

Sur M. Maréchal.

LE MARQUIS.

Vous l'avez dit.

LA BARONNE.

Y songez-vous, Marquis ? M. Maréchal !

LE MARQUIS.

Oui, je sais bien... mais nous n'avons pas besoin d'un foudre d'éloquence, puisque nous fournissons les discours. Maréchal lit aussi couramment qu'un autre, je vous assure.

LA BARONNE.

Nous l'avons fait député à votre recommandation, c'était déjà beaucoup.

LE MARQUIS.

Permettez! Maréchal est une excellente recrue.

LA BARONNE.

Cela vous plaît à dire.

LE MARQUIS.

Vous êtes bien dégoûtée! Un ancien abonné du *Constitu-*
tionnel, un libéral, un voltairien, qui passe à l'ennemi avec
armes et bagages... Comment vous les faut-il? M. Maréchal
n'est pas un homme, ma chère; c'est la grosse bourgeoisie
qui vient à nous. Je l'aime, moi, cette honnête bourgeoisie qui
a pris la Révolution en horreur depuis qu'elle n'a plus rien à
y gagner, qui voudrait figer le flot qui l'apporta et refaire
à son profit une petite France féodale. Laissons-lui retirer
nos marrons du feu, ventre-saint-gris! Pour ma part, c'est
ce réjouissant spectacle qui m'a remis en humeur de poli-
tiquer. Vive donc M. Maréchal et tous ses compères, messieurs les bourgeois du droit divin! Couvrons ces précieux
alliés d'honneur et de gloire, jusqu'au jour où notre triomphe
les renverra à leur moulin!

LA BARONNE.

Mais nous avons plusieurs députés de la même farine;
pourquoi choisirions-nous le moins capable pour notre orateur?

LE MARQUIS.

Encore un coup, ce n'est pas une question de capacité.

LA BARONNE.

Vous protégez beaucoup M. Maréchal.

LE MARQUIS.

Que voulez-vous? Je le regarde un peu comme un client
de ma famille. Son grand-père était fermier du mien; je
suis subrogé-tuteur de sa fille : ce sont des liens.

LA BARONNE.

Et vous ne dites pas tout.

LE MARQUIS.

Je dis tout ce que je sais.

LA BARONNE.

Alors, permettez-moi de compléter vos renseignements.
Le bruit court que vous n'avez pas été insensible jadis aux
charmes de la première madame Maréchal.

LE MARQUIS.

Vous ne croyez pas, j'espère, à cette sotte histoire?

LA BARONNE.

Ma foi! vous dédommagez tant M. Maréchal...

LE MARQUIS.

Que j'ai l'air de l'avoir endommagé? Eh! mon Dieu! qui
peut se croire à l'abri de la malignité! Personne... Pas
même vous, chère Baronne.

LA BARONNE.

Je serais curieuse de savoir ce qu'on peut dire de moi.

LE MARQUIS.

Des sottises, que je ne vous répéterai certainement pas.

LA BARONNE.

Vous y croyez donc?

LE MARQUIS.

Dieu m'en garde! L'apparence que feu votre mari ait
épousé la demoiselle de compagnie de sa mère? Cela m'a
mis d'une colère!

LA BARONNE.

C'est faire trop d'honneur à de pareilles pauvretés.

LE MARQUIS.

J'ai répondu de la belle façon, je vous assure.

LA BARONNE.

Je n'en doute pas.

LE MARQUIS.

C'est égal, vous avez raison de vouloir vous remarier.

LA BARONNE.

Et qui vous dit que je le veuille ?

LE MARQUIS.

Ah ! c'est mal ! vous ne me traitez pas en ami. Je mérite d'autant plus votre confiance que je n'en ai pas besoin, vous connaissant comme si je vous avais faite. L'alliance d'un sorcier n'est pas à dédaigner, Baronne.

LA BARONNE, s'asseyant près de la table.

Montrez votre sorcellerie.

LE MARQUIS, s'asseyant en face d'elle.

Volontiers ! Donnez-moi votre main.

LA BARONNE, ôtant son gant.

Vous me la rendrez ?

LE MARQUIS.

Et je vous aiderai à la placer, qui plus est. (Examinant la main de la baronne.) Vous êtes belle, riche et veuve.

LA BARONNE.

On se croirait chez mademoiselle Lenormand.

LE MARQUIS, même jeu.

Avec tant de facilités, pour ne pas dire de tentations à mener une vie brillante et frivole, vous avez choisi un rôle presque austère, un rôle qui demande des mœurs irréprochables, et vous les avez.

LA BARONNE.

Si c'était un rôle, vous avouerez qu'il ressemblerait fort à une pénitence.

LE MARQUIS.

Pas pour vous.

LA BARONNE.

Qu'en savez-vous ?

LE MARQUIS.

Je le vois dans votre main, parbleu! J'y vois même que le contraire vous coûterait davantage, vu le calme inaltérable dont la nature a doué votre cœur.

LA BARONNE, retirant sa main.

Dites tout de suite que je suis un monstre.

LE MARQUIS.

Tout à l'heure ! — Les naïfs vous prennent pour une sainte: les sceptiques pour une ambitieuse de pouvoir ; moi, Guy-François Condorier, marquis d'Auberive, je vous prends simplement pour une fine Berlinoise en train de se construire un trône en plein faubourg Saint-Germain. Vous régnez déjà sur les hommes, mais les femmes vous résistent; votre réputation les offusque, et ne sachant par où mordre sur vous. elles se retranchent derrière ce méchant bruit que je vous disais tout à l'heure. Bref, votre pavillon est insuffisant, et vous en cherchez un assez grand pour tout couvrir. Paris vaut bien une messe, disait Henri IV... c'est aussi votre avis.

LA BARONNE.

On dit qu'il ne faut pas contrarier les somnambules : permettez-moi cependant de vous faire observer que, si je voulais un mari, avec ma fortune et ma position dans le monde. j en aurais déjà trouvé vingt pour un.

LE MARQUIS.

Vingt, oui; un, non. Vous oubliez ce diable de petit bruit...

LA BARONNE, se levant.

Il n'y a que les sots qui y croient.

LE MARQUIS, se levant.

Voilà justement le *hic*. Vous n'êtes recherchée que par des hommes extrêmement spirituels... trop spirituels! et c'est un sot que vous voulez.

LA BARONNE.

Parce que?

LE MARQUIS.

Parce que vous n'entendez pas vous donner un maître. Il vous faut un époux que vous puissiez accrocher dans votre salon comme un portrait de famille, rien de plus.

LA BARONNE.

Avez-vous fini, mon cher devin? Tout cela n'a pas le sens commun; mais vous m'avez amusée, je n'ai rien à vous refuser.

LE MARQUIS.

Maréchal aura le discours?

LA BARONNE.

Ou j'y perdrai mon nom.

LE MARQUIS.

Et vous perdrez votre nom... je m'y engage.

LA BARONNE.

Vous faites de moi tout ce que vous voulez.

LE MARQUIS.

Ah! Baronne, comme je vous prendrais au mot, si j'avais seulement soixante ans. (Dubois apporte une carte de visite sur un plat d'argent. — Le marquis prenant la carte.) « Le comte Hugues d'Ou-treville. » (A Dubois.) Faites entrer, morbleu! faites entrer... Non!... Dites à M. le Comte que je suis à lui dans un instant. (Dubois sort.)

LA BARONNE.

Je vous gêne; mais tant pis pour vous! Il ne fallait pas renvoyer ma voiture.

LE MARQUIS.

Au fait, je vous présenterai ce jeune homme un jour ou
l'autre : pourquoi pas tout de suite ?

LA BARONNE.

Qui est-ce ?

LE MARQUIS.

Mon plus proche parent, un parent pauvre. Je l'ai mandé
à Paris pour faire sa connaissance avant de lui laisser ma
fortune.

LA BARONNE.

Curiosité légitime. Comment se fait-il que vous ne le connaissiez pas ?

LE MARQUIS.

Il habite le Comtat, en vrai gentilhomme féodal, et la
dernière fois que j'y suis allé, du vivant de son brave père,
il y a vingt ans, Hugues en avait sept ou huit.

LA BARONNE.

Il a un beau nom.

LE MARQUIS.

Et il porte d'azur à trois besants d'or; mais ne devenez pas
rêveuse, ce n'est pas un mari pour vous : il manque de toutes
les nullités de votre idéal.

LA BARONNE.

Vous ne le connaissiez pas, disiez-vous.

LE MARQUIS.

Je connais la race : elle est violente et colossale. Le père
et l'aïeul avaient six pieds de haut, les épaules à l'avenant,
et je me souviens que quand je faisais sauter le petit Hugues
sur mes genoux, j'en avais ma charge... Vous allez voir ce
gaillard-là ! — Je vous demande un peu d'indulgence pour lui;
ces gentilshommes campagnards ne sont pas toujours la fine

fleur de la politesse, vous savez : grands chasseurs, grands mangeurs, grands coureurs de jolies filles...

LA BARONNE.

Quelle horreur !

LE MARQUIS.

Nous formerons celui-là. (Il sonne; à Dubois qui entre.) Faites entrer.

DUBOIS, annonçant.

M. le comte d'Outreville.

SCÈNE III.

LES MÊMES, LE COMTE.

LE MARQUIS, allant à sa rencontre, les bras ouverts.

Eh! arrivez donc!... (S'arrêtant stupéfait.) Comment, c'est vous, ce gros enfant que je faisais sauter?...

LE COMTE.

Le fait est que vous devez me trouver grandi, Monsieur.

LE MARQUIS, à part.

Effilé ! (Haut.) Excusez ma surprise, cousin; j'étais habitué à mettre votre nom sur des épaules plus larges.

LE COMTE.

Oui, mon grand-père et mon père étaient des Goliath; moi, je tiens de ma mère.

LE MARQUIS.

Enfin, vous n'en êtes pas moins le bienvenu. — Rendez grâces à votre étoile qui vous envoie chez moi juste à point pour être présenté à madame la baronne Pfeffers.

LE COMTE, saluant.

Madame est sans doute parente de la baronne Sophie Pfeffers?

LA BARONNE.

C'est moi-même, monsieur.

LE COMTE.

Comment? ce modèle de piété, d'austérités, de...?

LA BARONNE.

Monsieur, de grâce!

LE MARQUIS.

Eh bien! oui, ce modèle n'est ni vieux ni laid, ce qui vous étonne.

LE COMTE.

J'avoue... Mais *gratior pulchro in corpore virtus.*

LA BARONNE.

Hélas! monsieur, je ne mérite ni l'une ni l'autre de vos louanges.

LE COMTE, interdit.

Ah! madame, si j'avais pu soupçonner que vous saviez le latin...

LE MARQUIS.

Et qui donc ici soupçonniez-vous de le savoir?

LE COMTE.

Pardonnez-moi, Madame, une familiarité bien involontaire. (Au marquis.) Que M. de Sainte-Agathe sera heureux quand il apprendra...

LE MARQUIS.

Qu'est-ce que c'est que ça, M. de Sainte-Agathe?

LE COMTE.

Vous n'avez pas entendu parler de M. de Sainte-Agathe? Vous m'étonnez. M. de Sainte-Agathe est pourtant une de nos lumières. J'ai eu le bonheur de l'avoir pour précepteur, et il est resté mon directeur en toutes choses.

2

LE MARQUIS, à part.

Ce n'est pas un gentilhomme, c'est un sacristain.

LA BARONNE, à part.

Quelle naïveté!

DUBOIS, entrant.

La voiture de madame la Baronne est là.

LA BARONNE, à part.

D'azur à trois besants d'or! (Haut.) Je me sauve, Marquis ;
je suis trop exposée ici au péché d'orgueil. Au revoir, monsieur le Comte. Votre cousin me fera l'honneur de vous
conduire chez moi, mais je vous préviens qu'il faudra laisser
les flatteries à la porte de mon salon. Restez, Marquis, les
malades ne reconduisent pas. (Elle sort.)

SCÈNE IV.

LE MARQUIS, LE COMTE.

LE COMTE.

Est-ce que cette dame est mariée?

LE MARQUIS.

Oui, mon cousin ; j'ai été très-malade... Rassurez-vous :
il n'y paraît plus.

LE COMTE.

Je respire! Et quelle maladie avez-vous eue, de grâce?

LE MARQUIS.

La baronne est veuve. Je vous remercie de l'intérêt que
vous lui témoignez.

LE COMTE, à part.

C'est un original.

LE MARQUIS, à part.

Mon héritier me déplaît. (Haut.) Causons de nos affaires.

Je n'ai pas d'enfant; vous êtes mon plus proche parent, et mon intention, comme je vous l'ai écrit, est de vous laisser tous mes biens.

LE COMTE.

Et je vous promets de reconnaître vos bienfaits, en en faisant un usage agréable à Dieu.

LE MARQUIS.

Vous en ferez l'usage qu'il vous plaira. — Mais j'ai mis deux conditions à ce que vous appelez mes bienfaits; j'espère qu'elles ne vous répugnent ni l'une ni l'autre ?

LE COMTE.

La première étant d'ajouter votre nom au mien, je la regarde comme une faveur.

LE MARQUIS.

Très-bien. — Et la seconde, de prendre une femme de mon choix, comment la regardez-vous?

LE COMTE.

Comme un devoir filial.

LE MARQUIS.

Le mot est fort.

LE COMTE.

Il n'est que juste, Monsieur; car je puis dire qu'au reçu de votre adorable lettre je vous ai voué tous les sentiments d'un fils.

LE MARQUIS.

Comme ça?... Tout de suite?... Pan!

LE COMTE.

A ce point que je ne me suis plus reconnu le droit de disposer de ma main sans votre aveu, et que je n'ai pas hésité à rompre un très-riche mariage que M. de Sainte-Agathe m'avait ménagé dans Avignon.

LE MARQUIS.

Les choses n'étaient sans doute pas très-avancées?

LE COMTE.

Il n'y avait que le premier ban de publié.

LE MARQUIS.

Rien que cela! — Et sous quel prétexte avez-vous rompu?

LE COMTE.

Mon Dieu, ce n'était pas une famille qui méritât beaucoup
de ménagements : des enrichis. J'ai la bourgeoisie en
horreur.

LE MARQUIS.

Diable ! comment allez-vous vous arranger? Moi qui vous
destine justement une bourgeoise !

LE COMTE.

Ah! ah! charmant!

LE MARQUIS.

Elle est très-riche et très-belle, mais très-roturière.

LE COMTE.

Serait-ce sérieux?

LE MARQUIS, se levant.

Tellement sérieux que je fais de ce mariage la condition
sine qua non de mon héritage.

LE COMTE.

Permettez-moi de vous dire, Monsieur, que je ne comprends pas quel intérêt...

LE MARQUIS.

Il est fort simple : c'est une jeune fille que j'ai vue naître
et à laquelle je porte une affection quasi paternelle. Je veux
que ses enfants héritent de mon nom ; voilà tout.

LE COMTE.

Est-elle du moins orpheline?

LE MARQUIS.

De mère seulement.

LE COMTE.

C'est déjà quelque chose. Les belles-mères sont la grande pierre d'achoppement des mésalliances.

LE MARQUIS.

Je dois pourtant vous dire que le père s'est remarié et que sa seconde femme est parfaitement vivante. Mais elle tient à la plus haute noblesse (A part.) par ses prétentions (Haut.) et signe Aglaé Maréchal, née de la Vertpillière.

LE COMTE.

Et le père?

LE MARQUIS.

Ancien maître de forges, industrie noble, comme vous savez; bien pensant, député de notre bord.

LE COMTE.

Il s'appelle, dites-vous, Maréchal?

LE MARQUIS.

Maréchal.

LE COMTE.

C'est bien court. N'a-t-il pas quelque nom de terre à prendre pour corriger la crudité de la mésalliance?

LE MARQUIS.

J'ai trouvé mieux que cela. Vous épouseriez haut la main la fille de Cathelineau?

LE COMTE.

Certes! mais quel rapport!...

LE MARQUIS.

Entre un soldat et un orateur? La parole est une épée aussi. D'ici à huit jours votre beau-père sera le vendéen de la tribune.

LE COMTE.

Bah !

LE MARQUIS.

J'ai obtenu de nos amis qu'il porterait la parole pour nous dans la session qui va s'ouvrir. — Chut ! c'est encore un secret.

LE COMTE.

Que ne commenciez-vous par là, Monsieur ! Il n'y a plus mésalliance. La bonne cause anoblit ses champions. — Et vous dites que la jeune fille est riche ?

LE MARQUIS.

Elle vous apportera de quoi attendre patiemment mon héritage.

LE COMTE.

Puisse-t-il ne m'arriver jamais ! — Et elle est belle ?

LE MARQUIS.

C'est tout simplement la plus belle personne que je connaisse, mon cher. (A part.) Je m'en vante. (Haut.) Vous la rendrez heureuse, n'est-ce pas ?

LE COMTE.

J'ose m'y engager, Monsieur. Je comprends tous les devoirs qu'impose le mariage ; ma jeunesse a été une longue préparation à ce nœud sacré, et je puis dire que je m'y présenterai sans tache.

LE MARQUIS.

Hein ?

LE COMTE.

Demandez à M. de Sainte-Agathe qui connaît mes plus secrètes actions et mes plus secrètes pensées.

LE MARQUIS.

Je vous en fais bien mon compliment ; mais votre innocence doit être comme celle d'Oreste, mon bon ami : elle doit commencer à vous peser? Je l'espère, du moins.

LE COMTE, baissant les yeux.

Je l'avoue.

LE MARQUIS.

A la bonne heure.

LE COMTE.

Oserais-je vous demander si ma future est brune?

LE MARQUIS.

Ah ! ah ! cela vous intéresse !

LE COMTE.

Il est permis, il est même recommandé de chercher dans une épouse un peu de ces attraits périssables qui prêtent une grâce de plus à la vertu. C'est du moins l'avis de M. de Sainte-Agathe.

LE MARQUIS.

C'est juste : il y a longtemps que nous n'en avions parlé. Dites-moi, cousin, est-ce aussi M. de Sainte-Agathe qui vous habille?

LE COMTE.

Pourquoi?

LE MARQUIS.

C'est que vous avez l'air d'un donneur d'eau bénite. Je ne peux pas vous présenter dans ce costume déplorable; vous direz à mon valet de chambre de vous envoyer mon tailleur.

DUBOIS, entrant.

M. Maréchal est là; faut-il le faire entrer?

LE MARQUIS.

Je crois bien. (Au Comte.) Il vient à propos.

LE COMTE.

Connaît-il vos projets?

LE MARQUIS.

Pas encore, et je ne m'en ouvrirai pas à lui de quelques
jours. (A part.) Il faut laisser se faire un certain travail dans
son esprit.

SCÈNE V.

LES MÊMES, MARÉCHAL.

MARÉCHAL.

Parbleu, mon cher, vous voyez un homme ravi. Je venais
savoir de vos nouvelles, non sans un peu d'inquiétude, je
peux vous l'avouer maintenant, et j'apprends que vous allez
monter à cheval? Palsambleu, c'est affaire à vous, Marquis.

LE MARQUIS.

La goutte est comme le mal de mer; quand c'est fini,
c'est fini. — Permettez-moi, mon bon ami, de vous présenter
M. le comte Hugues d'Outreville, mon cousin.

MARÉCHAL.

Très-honoré, monsieur le Comte. Vous voyez en moi le
plus vieux camarade de notre cher Marquis. Mon grand-père
était fermier du sien, je n'en rougis pas ; ma famille a gagné
du terrain, la sienne en a perdu, et nous nous sommes ren-
contrés de plain-pied, l'un oubliant la supériorité de sa naissance et l'autre...

LE MARQUIS.

Celle de sa fortune.

MARÉCHAL.

Nous personnifions l'alliance de l'ancienne aristocratie et
de la nouvelle.

LE COMTE.

Vous vous faites tort, Monsieur : vous êtes tout à fait des
nôtres. Vous en êtes au même titre que Cathelineau.

MARÉCHAL.

Hein?

LE COMTE.

D'illustre soldat à grand orateur, il n'y a que la main. La parole est une épée aussi. Vous êtes le vendéen de la tribune.

MARÉCHAL, à part.

A qui en a-t-il?

LE MARQUIS.

Vous ferez plus ample connaissance une autre fois, Messieurs. Vous êtes dignes de vous comprendre. Pour l'heure, mon cher Comte, n'oubliez pas que vous avez à tenir conseil avec mon tailleur; c'est un préliminaire indispensable à la vie parisienne.

LE COMTE.

Puisque vous permettez... A l'honneur de vous voir, Monsieur.

LE MARQUIS, le reconduisant.

Comment le trouvez-vous?

LE COMTE.

Il a grand air, un air de génie.

LE MARQUIS.

Vous êtes fin connaisseur; adieu.

SCÈNE VI.

LE MARQUIS, MARÉCHAL.

MARÉCHAL.

Êtes-vous sûr que votre cousin soit dans son bon sens? Cathelineau! Le vendéen de la tribune!

LE MARQUIS.

C'est un bavard qui m'a défloré le plaisir de vous apprendre une grande nouvelle. Mais d'abord, mon cher Maréchal, êtes-vous bien sûr de la solidité de votre conversion? Ne sentez-vous plus dans votre sang le moindre virus libéral?

MARÉCHAL.

Ce doute m'outrage.

LE MARQUIS.

Avez-vous complétement renoncé à Voltaire et à ses pompes?

MARÉCHAL.

Ne me parlez pas de ce monstre! C'est lui et son ami Rousseau qui ont tout perdu. Tant que les doctrines de ces vauriens-là ne seront pas mortes et enterrées, il n'y aura rien de sacré, il n'y aura pas moyen de jouir tranquillement de sa fortune. Il faut une religion pour le peuple, Marquis.

LE MARQUIS, à part.

Depuis qu'il n'en est plus.

MARÉCHAL.

J'irai plus loin : il en faut une même pour nous autres. Revenons franchement à la foi de nos pères.

LE MARQUIS, à part.

Ses pères!... acquéreurs de biens nationaux !

MARÉCHAL.

On ne viendra à bout de la révolution qu'en détruisant l'université, ce repaire de philosophie; c'est mon opinion.

LE MARQUIS.

Eh bien! mon ami, réjouissez-vous : les opérations contre l'université vont s'ouvrir dans cette session même.

MARÉCHAL.

Vous me comblez de joie !

LE MARQUIS, lui mettant la main sur l'épaule.

Ne croyez-vous pas que dans cette mémorable campagne la voix de notre orateur aura quelque retentissement et qu'on pourra l'appeler le vendéen de la tribune?

MARÉCHAL.

Quoi! Marquis...

LE MARQUIS.

Oui, mon ami, c'est à vous que nous avons pensé pour ce rôle magnifique.

MARÉCHAL.

Est-il possible? Mais c'est l'immortalité que vous m'offrez!

LE MARQUIS.

Quelque chose comme cela.

MARÉCHAL.

Du haut de la tribune dominer l'assemblée du geste et de la voix; envoyer sa pensée aux deux bouts de la terre sur les ailes de la renommée!... Mais, sapristi! croyez-vous que je saurai parler?

LE MARQUIS.

J'étais justement en train d'admirer votre éloquence, à part moi.

MARÉCHAL.

Entre quatre-z-yeux, ça va encore... Mais en public, je n'oserai jamais.

LE MARQUIS.

Affaire d'habitude! La meilleure façon d'apprendre à nager, c'est de se jeter à l'eau.

MARÉCHAL.

C'est qu'il ne s'agit pas de barboter ici.

LE MARQUIS.

Nous vous attacherons des vessies sous les bras. Votre premier discours étant une sorte de manifeste, nous vous le donnerons tout fait; vous n'aurez qu'à le lire.

MARÉCHAL.

A la bonne heure! Du moment qu'il ne faut que du courage et de la conviction... On ne saura pas dans le public que le discours n'est pas de moi?

LE MARQUIS.

A moins d'une indiscrétion de votre part.

MARÉCHAL.

Vous ne m'en croyez pas capable, j'espère. — Et quand me confiera-t-on le manuscrit?

LE MARQUIS.

Dans quelques jours.

MARÉCHAL.

Je ne dormirai pas d'ici là. Je puis vous avouer ma faiblesse à vous : j'aime la gloire.

LE MARQUIS.

C'est la passion des grandes âmes.

MARÉCHAL.

Suis-je tout à fait des vôtres à présent?

LE MARQUIS.

Tout à fait.

MARÉCHAL.

Eh bien! permettez-moi de vous appeler Condorier, comme vous m'appelez Maréchal. C'est un enfantillage, si vous voulez...

LE MARQUIS.

Faites donc. Vous me rendrez mon titre quand vous en aurez un.

MARÉCHAL.

Ah ! voilà comme je comprends l'égalité : c'est la bonne,
c'est la vraie.

DUBOIS, entrant.

Un homme assez mal mis prétend que monsieur le Marquis lui a donné rendez-vous.

LE MARQUIS.

Dans un moment. (A Maréchal.) Je suis fâché de vous renvoyer, mon cher ; mais c'est une grosse affaire qui m'arrive.

MARÉCHAL.

Faut-il tant de façons entre gens de notre sorte ? A bientôt,
mon bon Condorier, à bientôt ! (Il sort.)

LE MARQUIS, à Dubois.

Faites entrer maintenant. (Seul.) Imbécile ! Et dire qu'il faudra encore que je le fasse baron ! (Souriant.) Cet homme-là ne saura jamais tout ce que j'ai fait pour lui.

DUBOIS, annonçant.

M. Giboyer !

SCÈNE VII.

LE MARQUIS, GIBOYER.

LE MARQUIS.

Eh ! bonjour, monsieur Giboyer !

GIBOYER.

Monsieur le Marquis, c'est moi qui suis le vôtre.

LE MARQUIS.

Le mien ?... Ah ! oui... pardon !.., j'ai un peu perdu la
clef de vos locutions pittoresques. — J'ai su par votre...
Comment appelez-vous Maximilien ?... Votre pupille ?

GIBOYER.

Le mot serait ambitieux... Un tuteur est un objet de luxe dont le petit n'avait pas l'emploi. Je suis, si vous voulez, son oncle à la mode de Bretagne.

LE MARQUIS.

Appelons-le votre nourrisson. — J'ai donc su par votre nourrisson que vous veniez passer huit jours à Paris, et il m'a pris un grand désir de vous voir.

GIBOYER.

Vous êtes trop bon, monsieur le Marquis. Votre désir est allé au-devant du mien. Croyez bien que je n'aurais pas tra-versé Paris sans frapper à votre porte. Je ne suis pas un ingrat.

LE MARQUIS.

Ne parlons pas de cela. — Savez-vous que vous n'êtes pas changé depuis que nous nous sommes perdus de vue? Comment faites-vous?

GIBOYER.

Il faut croire que mon père, prévoyant les intempéries de mon existence, m'a bâti à chaux et à sable. Mais vous-même, il me semble que vous prenez des années sans avancer en âge.

LE MARQUIS, passe à droite.

Oh ! moi, mon avancement avait été si rapide que je ne bouge plus depuis vingt ans. (S'asseyant près de la table.) Mais parlons de vous, mon camarade. Qu'êtes-vous devenu? Avez-vous enfin une position sérieuse?

GIBOYER, s'asseyant aussi.

Extrêmement sérieuse : employé dans les pompes funèbres de Lyon.

LE MARQUIS.

Dans les pompes funèbres?

GIBOYER.

Pendant le jour; le soir, contrôleur au théâtre des Céles-
tins. Je ne m'étendrai pas sur ce contraste si philosophique.

LE MARQUIS.

Je vous en remercie. Et quelle est votre dignité dans les
pompes?

GIBOYER.

Ordonnateur. C'est moi qui dis aux invités, avec un sourire agréable : « Messieurs, quand il vous fera plaisir. »

LE MARQUIS.

Permettez-moi de m'étonner qu'avec votre talent, vous
n'ayez pas su mieux tirer votre épingle du jeu.

GIBOYER.

Vous en parlez bien à votre aise. Le maniement des épin-
gles demande une finesse de doigté incompatible avec les
charges que j'ai toujours eues sur les bras : mon père
d'abord, Maximilien ensuite.

LE MARQUIS.

Aussi pourquoi diable vous amusez-vous à recueillir des
orphelins!

GIBOYER.

Que voulez-vous?... Le prix Montyon m'empêchait de dor-
mir. (Se levant.) Vous permettez, n'est-ce pas? Je ne peux pas
rester en place. — Et puis, j'avais alors une bonne situation
dans le journal de Vernouillet; j'avais enfin le pied à
l'étrier; mais, paf! le cheval crève sous moi et je retombe
sur le pavé, au moment de payer le second trimestre du
petit homme au collége. Il fallait trouver une position du
jour au lendemain ; on m'offrit la gérance du *Radical*, j'ac-

ceptai. Vous savez ce qu'était alors le gérant d'un journal :
son bouc émissaire, son homme de peines... au pluriel.
Drôle de profession, hein? mais c'était bien payé : quatre
mille francs, nourri et logé aux frais du gouvernement huit
mois sur douze. Je faisais des économies. Malheureusement
48 arriva, et la carrière des prisons me fut fermée.

LE MARQUIS.

Que n'offriez-vous vos services à la république?

GIBOYER.

Elle les refusa.

LE MARQUIS.

Cette bégueule!

GIBOYER.

J'étais au désespoir, non pas pour moi... je n'ai jamais
été embarrassé de gagner mon tabac... mais pour l'enfant
dont j'allais être obligé d'interrompre l'éducation. C'est
alors que je pensai à vous et que j'allai vous trouver.

LE MARQUIS.

Vous souvenez-vous du temps où vous maudissiez le bien-
fait cruel de l'éducation? Qui m'eût dit alors que vous me
demanderiez un jour de vous aider à coller sur les épaules
d'un enfant pauvre cette tunique de Nessus?

GIBOYER.

J'avoue qu'avant de le mettre au collège, j'ai eu plus
d'un colloque avec mon traversin. Mon exemple n'était pas
encourageant! Mais les situations n'avaient qu'une analogie
apparente; il faut plus d'une génération à une famille de
portiers pour faire brèche dans la société! Tous les assauts
se ressemblent; les premiers assaillants restent dans le
fossé et font fascine de leurs corps aux suivants. J'étais la
génération sacrifiée; il eût été vraiment trop bête que le
sacrifice ne profitât à personne.

LE MARQUIS.

De mon côté, j'étais heureux de doter ma patrie d'un socialiste de plus. Mais pour revenir à vous, vous n'aviez plus rien alors sur les bras : c'était le moment de l'épingle.

GIBOYER.

C'est ce que je me dis ; mais vous allez voir ma déveine ! La presse ne donnait pas de l'eau à boire, vu le foisonnement des journaux ; alors, j'eus l'idée de faire une série de biographies contemporaines.

LE MARQUIS.

J'en ai lu quelques-unes ; elles étaient fort épicées.

GIBOYER.

Trop épicées ! N'avais-je pas pris au sérieux mon rôle de grand justicier ? Imbécile ! J'écrivais à l'emporte-pièce ; duels, procès, amendes, tout le tremblement ! Mon éditeur effrayé suspendit la publication, et quand je voulus rentrer dans le journalisme, je trouvai toutes les portes barricadées par les puissantes inimitiés que m'avait créées mon petit sacerdoce. Et cependant Maximilien allait sortir du collége ; je voulais lui parfaire une éducation sterling ; il n'y avait pas à tortiller ni à faire la bouche en cœur : je mis habit bas et je plongeai.

LE MARQUIS.

Vous plongeâtes ! Qu'entendez-vous par là ?

GIBOYER.

Vous ne connaissez, vous autres, que les professions à fleur d'eau ; mais il se tripote dans les bas-fonds cinquante industries vaseuses que vous ne soupçonnez pas. Si je vous disais que j'ai tenu un bureau de nourrices ! Tout cela n'est pas très-restaurant ; mais j'ai un estomac d'autruche, grâce à Dieu ! j'ai mangé de la vache enragée dans les bons jours,

des cailloux dans les mauvais, et Maximilien est docteur ès-
lettres, docteur ès-sciences, docteur en droit ! Il a voyagé
comme un fils de famille ! il a de l'honneur... comme si ça
ne coûtait rien !

LE MARQUIS.

Vous portez un singulier intérêt à ce garçon.

GIBOYER.

C'est mon seul parent ; et puis, on est sujet en vieillis-
sant à prendre une marotte ; la mienne est de faire de Maximilien ce que je n'ai pu être moi-même, un homme honorable et honoré. Il me plaît d'être un fumier et de nourrir
un lis. Cette turlutaine vaut bien celle des tabatières.

LE MARQUIS.

J'en conviens. Mais pourquoi n'avez-vous pas reconnu ce
fils que vous adorez ?

GIBOYER.

Quel fils ?

LE MARQUIS, se levant.

Sournois ! Je sais votre histoire aussi bien que vous.
Vous avez eu Maximilien, en 1837, d'une plieuse de journaux nommée Adèle Gérard. Suis-je bien informé ?

GIBOYER.

Oui, mon Président.

LE MARQUIS.

Vous avez perdu de vue assez lestement la mère et l'enfant jusqu'en novembre 1845, époque où la pauvre fille est
morte.

GIBOYER.

Comment savez-vous ?

LE MARQUIS.

Nous avons notre police, mon cher. — Adèle Gérard vous

avait écrit une lettre désespérée où elle vous léguait Maximilien ; vous êtes accouru à son lit de mort, vous avez voulu
légitimer l'enfant par un mariage *in extremis*, mais la mère
a rendu l'âme avant le sacrement, et alors par une bizarrerie,
que je vous prie de m'expliquer, vous vous êtes chargé de
l'orphelin sans vouloir le reconnaître. Pourquoi ?

GIBOYER, passant à droite.

Monsieur le Marquis, j'ai fait un livre qui est le résumé
de toute mon expérience et de toutes mes idées. Je le crois
beau et vrai, j'en suis fier, il me réconcilie avec moi-même ;
et pourtant je ne le publierai pas sous mon nom, de peur
que mon nom ne lui fasse du tort.

LE MARQUIS.

C'est peut-être prudent, en effet.

GIBOYER.

Eh bien ! si je ne signe pas mon livre, comment voulez-
vous que je signe mon fils ! Je m'applaudis tous les jours
que la mort ne m'ait pas laissé le temps de lui attacher au
pied le boulet de la filiation.

LE MARQUIS.

Sait-il au moins que vous êtes son père ?

GIBOYER.

A quoi bon ! S'il ne gardait pas le secret, il se nuirait ;
et s'il le gardait, j'en serais profondément blessé. Pourquoi
d'ailleurs lui mettre dans l'âme cette cause de timidité ou
d'impudence ? Qu'y gagnerais-je ? Croyez-vous qu'à un
moment donné, il ne me pardonnerait pas plus malaisément
mes tares, s'il avait à en rougir comme d'une tache origi-
nelle ?

LE MARQUIS.

Savez-vous, mon brave, qu'il vous est poussé de grandes
délicatesses de sentiment depuis que je ne vous ai vu ?

GIBOYER, *sèchement.*

Il vous en poussera tout autant quand vous serez père.

LE MARQUIS.

Holà! maître Giboyer, vous vous oubliez!

GIBOYER.

Je riposte, voilà tout, monsieur le Marquis. — Maintenant venons au fait; car je ne suppose pas que vous vous soyez livré à ce long interrogatoire par pure curiosité.

LE MARQUIS.

Et que supposez-vous, je vous prie?

GIBOYER.

Qu'avant de m'offrir un poste de confiance, vous avez voulu vous assurer si mon secret était un cautionnement suffisant. Vous suffit-il?

LE MARQUIS.

Oui.

GIBOYER.

Alors, parlez.

LE MARQUIS, *s'asseyant.*

Combien vous rapportent vos deux métiers?

GIBOYER.

Dix-huit cents francs, l'un portant l'autre; mais ne prenez pas ce chiffre pour base de vos offres. Vous avez omis de me demander ce que je viens faire à Paris. Or, je viens m'entendre avec une société américaine qui fonde un journal aux États-Unis, et m'offre douze mille francs pour le diriger. Tout le monde ne m'a pas oublié.

LE MARQUIS.

J'en suis la preuve. — Vous savez donc l'anglais?

GIBOYER.

J'ai inventé la méthode Boyerson.

LE MARQUIS.

Et vous consentiriez à vous expatrier?

GIBOYER.

Parfaitement ; à moins que vous ne m'offriez les mêmes avantages, auquel cas je vous donne la préférence.

LE MARQUIS.

Vous ferez bien un sacrifice pour rester auprès de Maximilien?

GIBOYER.

Ce serait un sacrifice à ses dépens ; car si je vais là-bas, au bout de six ans, je lui rapporte trois mille francs de rente, c'est-à-dire l'indépendance.

LE MARQUIS.

Et si mes amis et moi, nous nous chargions de le pousser? Je m'intéresse toujours à lui. Je l'ai déjà mis comme secrétaire chez M. Maréchal.

GIBOYER.

La belle avance !

LE MARQUIS.

Eh! eh! Il y a là une bonne dame encore fraîche qui s'intéresse aux jeunes gens et qui les place parfaitement. Les prédécesseurs de Maximilien ont tous de bons emplois.

GIBOYER.

Merci bien ! La place que je lui destine n'est pas dans vos rangs, et il n'y a que moi qui puisse la lui donner.

LE MARQUIS.

Quelle place? Et dans quels rangs?

GIBOYER.

Mon interrogatoire est fini, monsieur le Marquis?

LE MARQUIS, se levant.

Attendez donc... C'est lui qui signera votre livre?... Parfait! Vous transfusez ainsi dans sa vie la quintessence de la vôtre; vous vous laissez vous-même en héritage. Bravo, Monsieur! vous pratiquez la paternité à la façon du pélican.

GIBOYER.

Vous sortez de la question, monsieur le Marquis; rentrons-y, s'il vous plaît. Voici mon dernier mot : je veux le même traitement que Déodat.

LE MARQUIS.

Et qui vous dit?...

GIBOYER.

Vous ne comptez pas me mettre dans votre police, n'est-ce pas? Elle est faite par de plus grands que moi. A quoi donc puis-je vous servir, sinon à remplacer votre virtuose? Vous avez pensé que la mauvaise honte ne m'arrêterait pas, et vous avez eu raison. Ma conscience n'a pas le droit de faire la prude. Mais si vous avez cru m'avoir pour un morceau de pain, vous vous êtes trompé. Vous avez plus besoin de moi que je n'ai besoin de vous.

LE MARQUIS.

Oh! oh! voilà de la fatuité.

GIBOYER.

Non, monsieur le Marquis. Vous trouveriez peut-être un garnement de lettres aussi capable que moi de vider sur quiconque une écritoire empoisonnée; mais l'inconvénient de ces auxiliaires-là, c'est qu'on n'est jamais sûr de les tenir. Or, moi, vous me tenez. C'est ce qui me met en posture de faire mes conditions.

LE MARQUIS.

Ce raisonnement biscornu me paraît sans réplique. Déodat

avait mille francs par mois; le comité voulait opérer une
réduction sur ce chapitre : mais je lui ferai valoir vos
raisons.

GIBOYER.

Il ne voudra peut-être se décider que sur échantillon. Si
je vous brochais d'ici à ce soir une tartine de Déodat?

LE MARQUIS.

Possédez-vous assez sa manière?...

GIBOYER.

Parbleu! pour m'en servir en la définissant, elle consiste
à *rouler* le libre penseur, à *tomber* le philosophe, en un mot,
à tirer la canne et le bâton devant l'arche. Un mélange de
Bourdaloue et de Turlupin ; la facétie appliquée à la défense
des choses saintes : le *Dies iræ* sur le mirliton!

LE MARQUIS.

Bravo ! tournez ces griffes-là contre nos adversaires, et
tout ira bien. — Dites-moi, vous sentez-vous en état d'écrire
un discours de tribune?

GIBOYER.

Oui-da! je tiens aussi l'éloquence; mais c'est à part.

LE MARQUIS.

Bien entendu. Et quel pseudonyme prendrez-vous? Car
vous ne pouvez nous servir sous votre nom.

GIBOYER.

C'est clair; et cela me va de toutes les façons. L'enfant ne
saura pas que c'est moi; et puis, j'avais exprimé dans son
verre tout le jus de l'ancien Giboyer; passons à un autre.
Aussi bien j'en ai assez de ce pauvre hère à qui rien ne
réussit, qui n'a pas trouvé moyen d'être un homme de lettres
avec son talent et un honnête homme avec ses vertus. Fai-
sons peau neuve! et vive M. de Boyergi!

LE MARQUIS.

Votre anagramme, à merveille ! Je vous présenterai demain
soir à vos bailleurs de fonds. (Lui donnant un billet de banque.)
Voilà pour vos premiers frais, et qu'en vous revoyant, je ne
vous reconnaisse pas !

GIBOYER.

Rapportez-vous-en à moi. J'ai été second régisseur au
théâtre de Marseille.

LE MARQUIS.

A demain ! (Giboyer sort.) Ouf ! Quelle journée !

DUBOIS, entrant.

Le cheval de M. le Marquis est sellé.

LE MARQUIS.

Allons ! (Prenant son chapeau et ses gants.) Étrange garnement !... C'est la courtisane qui gagne la dot de sa fille !

FIN DU PREMIER ACTE.

ACTE DEUXIÈME.

SCÈNE PREMIÈRE.

MADAME MARÉCHAL, assise et brodant, MAXIMILIEN, assis
près d'elle sur un tabouret, lui faisant la lecture.

MAXIMILIEN, lisant.

« Quand j'eus seul devant Dieu pleuré toutes mes larmes,
« Je voulus sur ces lieux, si pleins de tristes charmes,
« Attacher un regard avant que de mourir,
« Et je passai le soir à les tous parcourir.
« Oh! qu'en peu de saisons... »

MADAME MARÉCHAL.

Je crains que vous ne vous fatiguiez, monsieur Maximilien.

MAXIMILIEN.

Non, Madame.

MADAME MARÉCHAL.

Vous devez trouver que j'abuse un peu de vous.

MAXIMILIEN.

Je suis trop heureux que mes fonctions de lecteur rem-
plissent le vide de mes fonctions de secrétaire. Je n'ai pas
fait œuvre de mes dix doigts depuis que je suis chez M. Maréchal.

MADAME MARÉCHAL.

Vous lisez comme un ange.

MAXIMILIEN.

Vous êtes indulgente.

MADAME MARÉCHAL.

A la façon dont vous dites les vers, on sent que vous les
aimez... Moi, je les adore. Vous en faites peut-être ?

MAXIMILIEN.

J'en ai fait, et d'assez mauvais pour ne plus être tenté de
recommencer.

MADAME MARÉCHAL.

Il me semble que, si j'avais été homme, j'aurais été
poëte... poëte ou soldat. Les femmes sont bien à plaindre,
allez ! L'action leur est interdite et on leur défend même de
donner une forme à leurs rêveries.

MAXIMILIEN.

Pauvres femmes ! (A part.) Ce qui m'étonne, c'est qu'on en
trouve encore. (Haut.) Voulez-vous que je continue ?

MADAME MARÉCHAL.

Si vous n'êtes pas fatigué de lire... Moi, je ne me lasserais
jamais d'écouter. C'est si beau, cette musique !

MAXIMILIEN, lisant.

« Oh ! qu'en peu de saisons les étés et les glaces
« Avaient fait du vallon évanouir nos traces !
« Et que sur ces sentiers, si connus de nos pieds,
« La terre en peu de jours nous avait oubliés ! »

MADAME MARÉCHAL.

Vous étiez bien jeune quand vous avez perdu votre mère ?

MAXIMILIEN.

J'avais huit ans. (Lisant.)

« La végétation comme une mer de plantes... »

MADAME MARÉCHAL.

Et vous n'avez jamais connu votre père?

MAXIMILIEN.

Jamais. (Lisant.)

« Avait tout recouvert de ses vagues grimpantes.

« La liane et la ronce... »

MADAME MARÉCHAL.

Pauvre jeune homme! Seul au monde à huit ans! Qu'il vous a fallu de courage!

MAXIMILIEN.

Aucun, Madame. Personne n'a eu la vie plus facile que moi, grâce à l'homme divinement bon qui m'a recueilli!

MADAME MARÉCHAL.

Il est votre parent, je crois?

MAXIMILIEN.

Cousin au dixième ou au onzième degré; mais ses bienfaits ont tellement resserré la parenté, qu'en l'appelant mon oncle je lui fais tort d'un grade. Il n'avait pas d'enfant, il m'a pour ainsi dire adopté.

MADAME MARÉCHAL.

Ah! je comprends cela, moi qui n'ai pas d'enfant non plus! Je serais heureuse de trouver quelqu'un à qui servir de mère.

MAXIMILIEN.

Mais il me semble que vous êtes toute portée... Votre belle-fille?...

MADAME MARÉCHAL.

Fernande?... oui... Mais c'est un fils que je voudrais. L'amour d'un fils doit être plus tendre. Pauvre Fernande! je ne puis pas lui en vouloir : sa froideur pour moi c'est sa fidélité à une tombe.

MAXIMILIEN.

Je croyais qu'elle avait perdu sa mère au berceau.

MADAME MARÉCHAL.

Oh! pas du tout! Elle avait trois ans, et chez nous autres femmes la sensibilité est si précoce!

MAXIMILIEN.

Mademoiselle Fernande aura usé la sienne en herbe.

MADAME MARÉCHAL.

Elle ne vous paraît pas très-expansive;

MAX MILIEN.

Non... Oh! non!

MADAME MARÉCHAL.

Mon Dieu! c'est une petite sauvage qui s'est élevée toute seule. Elle a peut-être un peu de fierté; mais comment en serait-il autrement dans sa position de riche héritière?

MAXIMILIEN.

Permettez, Madame; il n'y a pas besoin d'être riche pour être fier, et c'est une vertu; mais ce n'est pas de la fierté qu'a mademoiselle Fernande, c'est de la hauteur.

MADAME MARÉCHAL.

Auriez-vous à vous plaindre?...

MAXIMILIEN.

A me plaindre, non, parce que cela m'est parfaitement égal; mais, franchement, mademoiselle Fernande déploie envers moi un luxe d'indifférence bien inutile. Je me tiens à ma place, et n'ai pas la moindre envie de m'y faire remettre. Elle prodigue sa froideur.

MADAME MARÉCHAL.

Peut-être est-ce dans votre intérêt; elle craint peut-être...

MAXIMILIEN.

Quoi?

MADAME MARÉCHAL.

Vous êtes jeune, elle est belle...

MAXIMILIEN.

Et elle a lu des romans où le pauvre secrétaire s'éprend
de la fille du baron? Mais elle peut se rassurer, je ne cours
aucun danger. Il y a entre nous un fleuve de glace.

MADAME MARÉCHAL.

Et ce fleuve, c'est?...

MAXIMILIEN.

Sa dot!... dont elle ne manquerait pas de me croire amoureux. Les jeunes filles riches... brrr! Le frôlement de leurs
robes ressemble à un froissement de billets de banque; et je
ne lis qu'une chose dans leurs beaux yeux : « La loi punit le
contrefacteur. »

MADAME MARÉCHAL.

J'aime à vous voir dans ces idées-là; je vous avais bien
jugé. Il faut le dire, hélas! on ne trouve plus cette fermeté
de sentiments que chez les hommes élevés à l'école de l'ad-
versité.

MAXIMILIEN.

Mais non, Madame! c'est le seul maître qui m'ait manqué,
grâce à mon cher protecteur.

MADAME MARÉCHAL.

Ne rougissez pas d'avoir connu la misère. monsieur Maximilien; pas devant moi, du moins.

MAXIMILIEN.

Ni devant vous, Madame, ni devant personne. Mais en
vérité, si je l'ai connue, c'est à l'âge où on ne la comprend
pas, et je ne m'en souviens plus. Il ne me reste de mon

enfance qu'une impression désagréable, celle du froid ; et
encore, comme je voyais des engelures aux mains de tous
mes petits camarades, j'aurais été humilié de n'en pas avoir :
(Souriant.) j'en avais.

MADAME MARÉCHAL.

Il sied bien à un homme de plaisanter de ses épreuves :
la gaîté est la forme la plus virile du courage.

MAXIMILIEN, à part.

Elle y tient, la bonne dame.

MADAME MARÉCHAL.

Si j'avais un fils, je le voudrais souriant dans sa force,
comme vous... et je vous prierais d'être son ami... son
Mentor plutôt, car il serait encore bien jeune.

MAXIMILIEN, à part.

Elle se sera mariée tard.

MADAME MARÉCHAL.

Aimez-moi un peu, monsieur Maximilien.

MAXIMILIEN.

Madame, certainement...

SCÈNE II.

LES MÊMES, FERNANDE, ouvre la porte et fait mine de se retirer.

MADAME MARÉCHAL.

Entrez, ma chère, vous n'êtes pas de trop. M. Maximilien
a la complaisance de me faire la lecture... Si les beaux vers
ne vous effrayent pas, mettez-vous à votre métier et écoutez.

FERNANDE.

Volontiers, Madame. (Elle déploie son métier à tapisserie et s'installe.)

MAXIMILIEN, à part, désignant madame Maréchal.

Comme elle me regarde!... Est-ce que par hasard?...
Fi donc!

MADAME MARÉCHAL, allant à Fernande.

Il est très-joli ce carreau; tâchez de ne pas le perdre,
comme vous avez perdu le dernier.

FERNANDE, travaillant.

Je le retrouverai sans doute.

MADAME MARÉCHAL.

Un jour que personne n'en aura besoin. n'est-ce pas?

FERNANDE.

Probablement.

MADAME MARÉCHAL.

Vous ne m'ôterez pas de la tête que vous l'avez dit perdu
pour ne pas le montrer à madame Mathéus.

FERNANDE.

Pourquoi ne l'aurais-je pas montré?

MADAME MARÉCHAL.

Parce qu'il y avait trois fautes, je pense.

FERNANDE.

Qu'est-ce que vous lisiez?

MADAME MARÉCHAL.

Jocelyn. Voulez-vous reprendre, monsieur Maximilien?

MAXIMILIEN, à part.

Elle a une singulière façon de regarder les gens. (Lisant.)

  « La liane et la ronce entravaient chaque pas;
  « L'herbe que je foulais ne me connaissait pas;
  « Le lac, déjà souillé par les feuilles tombées,
  « Les rejetait partout de ses vagues plombées.
  « Rien ne se reflétait... »

MADAME MARÉCHAL, à Fernande.

Que cherchez-vous donc? Je ne sais pas écouter quand on remue autour de moi.

FERNANDE.

Je ne trouve pas mon peloton bleu.

MADAME MARÉCHAL.

Vous perdez tout.

MAXIMILIEN, se levant.

Voulez-vous me permettre, Mademoiselle?

FERNANDE, sèchement.

Ne vous dérangez pas, Monsieur; je l'ai.

MAXIMILIEN, ramassant le peloton; à part.

Tiens! moi aussi. (Il le met sur la cheminée.) Pimbêche!

SCÈNE III.

LES MÊMES, MARÉCHAL, un manuscrit à la main.

MARÉCHAL.

Ah! je vous cherchais, monsieur Gérard.— Bonjour, Fernande. (Elle lui tend son front sans quitter son ouvrage; il l'embrasse.) Voici de la besogne, mon jeune ami.

MAXIMILIEN.

Tant mieux, Monsieur. Je me plaignais de mon inutilité.

MARÉCHAL.

Dorénavant vous ne chômerez plus, soyez tranquille.

FERNANDE.

Qu'y a-t-il donc?

MARÉCHAL.

Ce qu'il y a?... N'as-tu pas remarqué depuis trois jours que j'ai l'air sombre et préoccupé?

FERNANDE.

Non.

MARÉCHAL.

Cela m'étonne! Je croyais l'avoir... et on l'aurait à moins.
Je viens d'écrire un discours qui sera un coup de canon.

FERNANDE, se levant et allant à son père.

Un discours? Tu vas parler?

MARÉCHAL.

Il le faut.

FERNANDE.

Ah! père, la parole est d'argent, mais le silence est d'or.

MARÉCHAL.

Il y a des circonstances, ma fille, il y a des positions où
le silence est une défection, pour ne pas dire une compli-
cité... N'est-ce pas, Aglaé?

MADAME MARÉCHAL.

Sans doute; votre père doit des gages à son parti, à ses
hautes amitiés et, j'ose le dire, à son alliance avec une
la Vertpillière.

FERNANDE.

C'est vous, Madame, qui le poussez?

MADAME MARÉCHAL.

Êtes-vous fâchée de le voir sortir de son obscurité?

FERNANDE.

Hélas! Sa vie tranquille ne tenait pas ma vanité en souffrance..., son nom sans éclat me suffisait, à moi qui l'aime.
(A Maréchal.) Quelle ambition te prend? Je ne vivrai pas le
jour où tu monteras à cette maudite tribune.

MARÉCHAL.

Ce n'est pas l'ambition, ma fille, c'est le devoir! Ne cherche
pas à m'ébranler; ce serait en vain. L'honneur parle, il doit

être écouté. (Fernande retourne à sa tapisserie.) Mon cher Gérard, vous allez me faire le plaisir de recopier mon griffonnage de votre plus belle main, car je ne m'y reconnaîtrais pas moi-même.

FERNANDE.

Ah ! tu liras ?

MAXIMILIEN.

Je vais me mettre tout de suite à l'ouvrage.

MARÉCHAL.

Parcourez un peu d'abord, pour voir si vous me déchiffrez. (A Fernande.) Oui, je lirai ; c'est moins inquiétant, hein ? petite défiante ! je lirai mon premier discours ; pour le second, nous verrons. (Lui donnant une petite tape sur la joue.) Nous prenons donc ce père pour une ganache ? (Fernande lui baise la main.) — (Maximilien s'assied dans un coin et parcourt le manuscrit.)

UN DOMESTIQUE, annonçant.

Madame la baronne Pfeffers.

SCÈNE IV.

LES MÊMES, LA BARONNE, elle a une tapisserie roulée dans son manchon.

MADAME MARÉCHAL.

Ah ! Baronne !...

LA BARONNE.

Ce n'est pas votre jour, Madame, mais je n'ai pas voulu passer devant votre porte sans frapper, bien que j'espère toujours vous voir chez moi demain soir.

MARÉCHAL.

Nous irions plutôt sur la tête !

LA BARONNE.

Vous allez bien, monsieur l'orateur ?

MARÉCHAL.

Prêt au combat, madame.

LA BARONNE.

Au triomphe. — J'avais aussi un petit service à vous demander, Madame.

MADAME MARÉCHAL.

Je regrette qu'il soit petit.

LA BARONNE.

Nous sommes toutes deux patronesses de l'Œuvre des petits Chinois; j'ai placé tous mes billets et on m'en demande encore. Pouvez-vous m'en céder une dizaine ?

MARÉCHAL.

On se dispute moins les siens que les vôtres, chère Baronne.

MADAME MARÉCHAL, à part.

Brutal ! (Haut.) Je vais voir ce qui m'en reste.

LA BARONNE.

Il faut vous déranger? vous me les enverrez.

MADAME MARÉCHAL.

Non, j'aime mieux vous les donner tout de suite, c'est plus sûr : on me les enlèverait peut-être.

MARÉCHAL, bas.

Tu les as encore tous.

MADAME MARÉCHAL, de même.

Vous ne dites jamais que des maladresses. (Elle sort.)

LA BARONNE, s'approchant du métier de Fernande.

Ah ! vous êtes aussi de la Société des tabernacles, Mademoiselle ?

FERNANDE.

Non, Madame.

LA BARONNE.

Comment? ce que vous faites là n'est pas un carreau pour
le tapis des fidèles ?

FERNANDE.

C'est tout ce qu'on voudra.

LA BARONNE.

C'est pourtant l'encadrement réglementaire; voyez plutôt.
(Elle déroule la tapisserie qu'elle a dans son manchon.)

FERNANDE, à part.

Tiens !

MARÉCHAL.

C'est votre ouvrage?... Ah ! charmant!

FERNANDE.

Il est très-joli! Cela a dû vous coûter... beaucoup de
temps, n'est-ce pas ?

LA BARONNE.

Mon Dieu ! non.

MADAME MARÉCHAL, revenant.

Il ne m'en reste que neuf: les voici.

MARÉCHAL, lui montrant la tapisserie de la Baronne.

Regardez donc, ma chère.

MADAME MARÉCHAL, à Fernande.

Ah ! vous l'avez retrouvé ?

MARÉCHAL.

Que dites-vous?

MADAME MARÉCHAL.

Eh bien ! oui, c'est le carreau que Fernande croyait
perdu.

MARÉCHAL.

Vous rêvez, ma chère.

MADAME MARÉCHAL.

Il est bien reconnaissable... Voici les trois fautes. N'est-ce
pas, Fernande ?

FERNANDE.

C'est pourtant vrai.

LA BARONNE, à part.

Aïe !

MAXIMILIEN, à part.

Bon !

MARÉCHAL, à part.

Sapristi ! quel pataqu'est-ce !

LA BARONNE, menaçant Fernande du doigt.

Ah ! malicieuse, vous aviez reconnu votre ouvrage, et
vous vous moquiez de moi, en me demandant s'il m'avait
coûté beaucoup de temps !

FERNANDE.

Je voulais vous faire avouer que vos bonnes œuvres ne
vous laissent pas le loisir de tricoter.

MARÉCHAL, à part.

Cette enfant a de l'esprit quand il le faut.

MADAME MARÉCHAL.

Mettez-moi au courant, de grâce !

LA BARONNE.

Quelle est la femme du monde qui fait sa tapisserie elle-
même et ne se coiffe qu'avec ses cheveux ? Ce sont des super-
cheries si générales et si bien admises, que quand notre
fausse-natte se détache devant nos amis, nous la rattachons
en riant ; (Elle roule son carreau.) et c'est ce que je fais.

MARÉCHAL, à part.

Charmante! adorable! on n'a pas plus de grâce!

LA BARONNE.

Ce qui m'étonne dans cette aventure, ce n'est pas que ma tapisserie ne soit pas mon ouvrage, puisque je l'achète; c'est qu'elle soit le vôtre, Mademoiselle.

MARÉCHAL.

Au fait, oui, comment a-t-elle pu vous être vendue?

MADAME MARÉCHAL, à Fernande.

J'ai toujours soupçonné la fidélité de votre femme de chambre.

FERNANDE.

Pauvre Jeannette! elle est incapable...

MADAME MARÉCHAL.

Ce n'est pas la première fois que vos petits ouvrages se perdent; il est probable qu'elle en fait commerce.

LA BARONNE.

Et que la pauvre vieille à qui nous les achetons est une recéleuse. Encore une déception de la charité!

MARÉCHAL.

C'est très-grave. Faites venir Jeannette que je l'interroge.

FERNANDE.

Non, mon père; je vous expliquerai plus tard ce grand mystère.

MADAME MARÉCHAL.

Pourquoi pas tout de suite?

MARÉCHAL.

Faites venir Jeannette.

FERNANDE, très-rouge.

Eh bien! puisqu'on m'y oblige, c'est moi qui donne ces bagatelles à la vieille Hardouin.

MAXIMILIEN, à part.

Tiens, tiens!

MADAME MARÉCHAL.

Ce n'est pas la peine de rougir comme vous faites.

LA BARONNE.

Aussi, Madame, pourquoi la force-t-on à montrer sa belle âme ?

FERNANDE.

Ces choses-là sont ridicules, quand elles ne sont pas secrètes.

MADAME MARÉCHAL.

C'est de la charité romanesque.

MARÉCHAL.

N'as-tu pas assez d'argent pour faire l'aumône ?

FERNANDE, avec impatience et les larmes aux yeux.

Tous les pauvres n'acceptent pas l'aumône. Cette vieille femme est fière, elle est habituée à vivre de son aiguille, sa vue baisse, et je viens en aide à ses yeux, voilà tout. Il n'y a rien là de romanesque, et en vérité, je ne comprends pas qu'on me tourmente pour si peu de chose.

MARÉCHAL.

Allons, calme-toi : il n'y a pas grand mal.

MAXIMILIEN, à demi-voix.

Je crois bien.

MARÉCHAL.

Plaît-il ?

MAXIMILIEN.

Je lis parfaitement; je vais me mettre à la besogne. (Il sort.)

C'est votre secrétaire? il est distingué. — Adieu, chère
Madame; je vous quitte très-mortifiée de la petite contra-
riété dont j'ai été la cause pour mademoiselle Fernande. Je
vais porter à Saint-Thomas-d'Aquin mon brandon de dis-
corde, et soyez tranquille, Mademoiselle, je ne révélerai pas
votre part de collaboration.

LE DOMESTIQUE, annonçant.

M. le comte d'Outreville!

SCÈNE V.

LA BARONNE, appuyée à la cheminée, MADAME MARÉCHAL,
MARÉCHAL, LE COMTE, FERNANDE.

MARÉCHAL.

Bonjour, monsieur le Comte.

LE COMTE, sans voir la Baronne.

Comment se portent ces dames? Leurs visages répondent
pour elles. Mon cousin m'a donné rendez-vous ici...

MARÉCHAL.

Condorier?

LE COMTE.

Mais je vois que dans mon empressement j'ai devancé
l'heure.

MADAME MARÉCHAL.

Vous êtes trop gracieux, monsieur le Comte.

LA BARONNE.

Adieu, chère madame.

LE COMTE.

Oh! pardon, madame la Baronne! je ne vous avais pas
aperçue.

LA BARONNE.

Je pensais que vous ne me reconnaissiez pas.

LE COMTE, s'approchant de la cheminée.

Pouvez-vous croire qu'après vous avoir vue une fois?...

LA BARONNE.

Je le crois d'autant mieux qu'à Saint-Thomas-d'Aquin vous n'êtes pas à vingt chaises de moi et que vous ne me saluez pas.

LE COMTE.

Si j'avais pu penser que vous me fissiez l'honneur de me reconnaître...

LA BARONNE.

Oh! les honneurs que je puis vous faire ne vous touchent guère. Je vous ai fait celui de vous inviter à venir chez moi, et vous n'y avez pas paru. Je vous fais donc peur?

LE COMTE.

Oh! non.

LA BARONNE.

Eh bien! tâchez de mériter votre pardon.

LE DOMESTIQUE, annonçant.

M. le marquis d'Auberive!

SCÈNE VI.

LES MÊMES, LE MARQUIS.

LA BARONNE, au Marquis.

Pour le coup, je me sauve; j'aurais trop de reproches à vous faire, Marquis.

LE MARQUIS.

Et pourquoi donc, belle dame?

LA BARONNE.

Votre cousin vous le dira. — A demain, n'est-ce pas, chère madame? et vous aussi, chère belle. (Elle sort.)

LE COMTE, à part.

Elle m'a reconnu!

MARÉCHAL.

Quelle grâce! quelle aisance! Elle est partout chez elle.

FERNANDE.

Oui, c'est nous qui avions l'air d'être en visite.

LE MARQUIS.

Ce que j'admire surtout en elle, c'est le tact. Elle a compris que j'avais à vous parler de choses sérieuses, et elle a levé le siége. Allez donc voir, ma chère Fernande, si elle est bien partie.

FERNANDE.

Et ne revenez pas nous le dire.

LE MARQUIS.

C'est inutile, en effet. (Fernande sort.)

SCÈNE VII.

MADAME MARÉCHAL, MARÉCHAL, LE MARQUIS,
LE COMTE.

MADAME MARÉCHAL.

Suis-je aussi de trop?

LE MARQUIS.

Au contraire; je compte sur vous pour m'aider à plaider ma cause. Mais, asseyons-nous. (Ils s'asseyent.) Madame, vous n'avez jamais partagé la répugnance de l'ami Maréchal à marier Fernande avec un gentilhomme.

MADAME MARÉCHAL.

Je n'ai pas les mêmes motifs que lui de redouter une
alliance aristocratique; pour moi, ce n'est pas sortir de ma
sphère, c'est y rentrer.

MARÉCHAL.

Mon Dieu, mon cher ami, cette répugnance dont vous
parlez n'était pas une véritable répugnance, c'était plutôt...
comment dirai-je? une modestie peut-être exagérée.

LE MARQUIS.

Je l'aurais comprise jusqu'à certain point, il y a huit
jours; mais aujourd'hui, il n'est pas un gentilhomme qui ne
tînt votre alliance à honneur; et la preuve, c'est que je viens
vous demander la main de ma pupille pour M. le comte
d'Outreville, ici présent, unique héritier de mes biens et de
mon nom.

MARÉCHAL.

Est-il possible? Quoi! monsieur le Marquis, vous consentiriez?...

MADAME MARÉCHAL, bas à son mari.

De la dignité, Monsieur! (Haut.) Nous sommes très-tou-
chés, monsieur le Marquis, de la demande que vous voulez
bien nous faire, mais nous devons avant tout consulter le
cœur de notre chère Fernande.

MARÉCHAL.

Ah! c'est vrai.

LE MARQUIS.

Rien de plus juste, Madame; mais ne pourrait-on pas le
consulter tout de suite? Verriez-vous un inconvénient à ce
que mon cousin plaidât lui-même sa cause auprès de Fernande?

MARÉCHAL.

Aucun, Marquis, aucun.

MADAME MARÉCHAL, bas.

Vous vous jetez à leur tête.

LE MARQUIS.

Et vous, Madame?

MADAME MARÉCHAL.

Je trouve tout cela bien irrégulier.

LE MARQUIS.

Je le sais ; mais l'étiquette ne peut-elle pas avoir un peu pitié de l'impatience de ce jeune homme? (Bas au Comte.) Parlez donc !

LE COMTE, froidement.

Je vous en supplie, Madame.

MADAME MARÉCHAL.

Puisque tout le monde le veut...

MARÉCHAL.

Allons donc! Envoyez-nous Fernande, ma chère. (Bas.) Et prépare-la un peu.

MADAME MARÉCHAL.

Encore une fois, tout cela est bien rapide... Enfin ! je me rends. (Elle sort.)

SCÈNE VIII.

MARÉCHAL, LE MARQUIS, LE COMTE.

MARÉCHAL.

Maintenant que ma femme n'est plus là, laissez-moi vous dire sans façon, mon cher Marquis, combien je suis heureux et fier de votre alliance!

LE COMTE.

C'est à moi seul, Monsieur, de m'en féliciter.

MARÉCHAL.

Je ne comptais donner que huit cent mille francs à ma
fille, je lui donne le million tout rond.

LE COMTE.

Je vous en prie, Monsieur, ne parlons pas de ces vilenies.

LE MARQUIS.

Parlons-en, au contraire ! Mon cousin n'a qu'une dizaine
de mille livres de rente pour le moment, mais j'en ai soixante-
dix que je lui laisserai... le plus tard possible.

MARÉCHAL.

Palsambleu ! J'en ai encore cent à lui offrir le jour de mes
obsèques.

LE MARQUIS.

Mes petits... vos petits-enfants, veux-je dire... seront à
leur aise.

MARÉCHAL.

Pourquoi vous reprendre, mon cher Condorier ? Dites nos
petits-enfants ! Ne porteront-ils pas votre nom ? Ventre-saint-
gris ! Marquis, nous voilà parents... alliés du moins... par
les femmes.

LE MARQUIS, étourdiment.

Nous l'étions déjà... par nos opinions.

MARÉCHAL.

Mais à quoi s'amusent-elles là-bas ? Je parie que madame Maréchal nous fait attendre par dignité.

LE MARQUIS.

Allez les relancer ; je vous rejoindrai.

MARÉCHAL.

J'y vais. (Regardant le Comte de la porte.) Qu'il est beau !

SCÈNE IX.

LE MARQUIS, LE COMTE.

LE MARQUIS.

Ah! çà, mon cher, vous allez à l'autel comme un chien qu'on fouette. Je ne veux pas votre malheur, moi! Si la future vous déplaît, il faut le dire.

LE COMTE.

Ce n'est pas qu'elle me déplaise, mais...

LE MARQUIS.

Dites, dites, ne vous gênez pas! Je ne suis pas en peine d'héritier. *Uno avulso, non deficit alter*, pour parler votre langue. Je me raccrocherai à une autre branche... A celle des Valtravers. Je suis brouillé avec eux; mais le rapatriage sera facile... *Aureus*, parbleu!

LE COMTE.

Mon cousin, au nom du ciel, ne vous emportez pas!

LE MARQUIS.

Je ne m'emporte pas, Monsieur, je vous mets à votre aise. Il est clair que ce mariage ne vous inspire pas d'enthou-siasme.

LE COMTE.

Mais si, mon cousin! il m'en inspire.

LE MARQUIS.

Ah! vous ne trouvez pas Fernande assez bien faite! Faites-en donc autant!

LE COMTE.

Mais si j'ai le malheur de lui déplaire, malgré ma bonne volonté!

LE MARQUIS.

J'en serai fâché pour vous; mais j'appellerai un Valtravers. Vous êtes prévenu.

LE COMTE.

Quelle situation, mon Dieu! (Fernande paraît à la porte de gauche.)

LE MARQUIS, bas.

La voici! Je vous laisse.

LE COMTE, bas.

Je ne sais par où commencer.

LE MARQUIS, bas.

C'est bien difficile! « Mademoiselle, j'ai l'aveu de vos « parents, mais je ne veux vous tenir que de vous-même. » (A Fernande.) Vous pensiez trouver votre belle-mère ici, mon enfant; mais elle nous a abandonnés, ainsi que votre père, et je vais leur en demander raison. (Il sort.)

SCÈNE X.

LE COMTE, FERNANDE.

LE COMTE, à part.

La tête est belle; mais quelle différence avec la divine Pfeffers! Et si elle me refuse, je suis ruiné! (Haut.) Mademoiselle, vous a-t-on dit dans quel but...?

FERNANDE.

Oui, Monsieur.

LE COMTE.

J'ai l'aveu de vos parents, mais je ne veux vous tenir que de vous-même. C'est là, je crois, un sentiment que vous ne sauriez désapprouver.

FERNANDE.

Il est à la fois délicat et prudent; car je ne suis pas de

celles qu'on marie sans les consulter. Nous ne nous connaissons ni l'un ni l'autre, Monsieur; pour faire connaissance,
voulez-vous que nous nous parlions avec une entière franchise?

LE COMTE.

Bien volontiers, Mademoiselle ; la franchise est ma princi-
pale qualité.

FERNANDE.

Tant mieux ! C'est celle que j'estime par-dessus toutes. Eh
bien ! pourquoi voulez-vous m'épouser?

LE COMTE.

Mais parce que je n'ai pu vous voir sans...

FERNANDE.

Pardon ! vous oubliez déjà notre traité. Nous nous sommes
vus trois fois, nous avons échangé trois mots, et je n'ai pas
la vanité de croire que cela ait suffi à vous tourner la tête.

LE COMTE.

Vous ne vous rendez pas justice, Mademoiselle.

FERNANDE.

Que les hommes ont de peine à être sincères ! J'ajouterai,
pour vous mettre à votre aise, que si vous m'épousiez par
amour, je croirais de ma loyauté de vous refuser, car il y
aurait entre nous une inégalité de sentiments qui ferait votre
malheur, pour peu que vous ayez de délicatesse dans l'âme.

LE COMTE.

Alors... S'il n'y a pas précisément chez moi ce qu'en langage mondain on appelle de l'amour, croyez bien qu'il y a
du moins tous les sentiments que l'époux doit à l'épouse.

FERNANDE.

A la bonne heure ! mais ces sentiments-là ne sont pas
assez violents pour pousser un gentilhomme à une mésal-

liance. Vous avez donc un motif particulier. Je ne doute pas
qu'il ne soit parfaitement honorable, et si je tiens à le con-
naître, c'est uniquement pour ne pas laisser l'ombre d'une
arrière-pensée dans l'estime que je veux faire de mon mari.
— Vous hésitez à répondre?

LE COMTE.

Non, Mademoiselle. Je vous épouse par déférence aux dé-
sirs de mon cousin... déférence qui m'est bien douce, je
vous assure.

FERNANDE.

J'aurais dû le deviner : du moment qu'il ne s'oppose pas
à cette mésalliance, c'est qu'il l'ordonne !

LE COMTE.

Il a pour vous une affection...

FERNANDE.

Il est seul au monde ; je suis sa pupille, et son cœur
se rattache à ce lien, si faible qu'il soit. Allez, monsieur
le Comte, allez lui annoncer qu'il sera fait comme il le
désire.

LE COMTE.

Que de reconnaissance, Mademoiselle !

FERNANDE.

Vous ne m'en devez pas, Monsieur ; j'accepte un nom honorable, honorablement offert... et je vous promets de le
porter dignement.

LE COMTE.

Et moi, de mon côté, je vous assure que malgré... Mais
vous avez raison, je vais réjouir mon cousin de cette heureuse nouvelle. (Il sort.)

FERNANDE, après un silence.

Autant lui qu'un autre, après tout! Sortir de cette maison, voilà l'important. — Pauvre père !

5

SCÈNE XI.

FERNANDE, MAXIMILIEN.

MAXIMILIEN , le manuscrit à la main.

Pardon, Mademoiselle; je croyais trouver monsieur votre
père ici.

FERNANDE, allant s'asseoir à son métier.

Il est, je crois, dans le grand salon; mais je doute que
vous puissiez lui parler : il est en affaires.

MAXIMILIEN, à part.

Ma foi! tant pis, je laisserai le mot en blanc. — Sin-
gulière fille! (Il pose son manuscrit sur la cheminée, y prend le peloton de
laine et venant à Fernande.) Voici votre peloton bleu, Mademoiselle. — Qu'est-ce que je vous ai fait? pourquoi me
traitez-vous si durement? Tant que j'ai pu vous prendre
pour une banalité de salon, je me croyais fort au-dessus
de vos mépris et ne m'en souciais guère; mais celle qui
prête ses yeux à la vieille Hardouin ne méprise la pauvreté de personne, et je viens vous demander loyalement en
quoi j'ai démérité de votre estime.

FERNANDE, sans lever les yeux de son ouvrage.

Je suis fâchée, Monsieur, que ma manière d'être vous
choque; elle est la même avec vous qu'avec vos prédécesseurs, et cela n'a pas nui à leur carrière.

MAXIMILIEN.

Voilà tout ce que vous avez à me répondre?

FERNANDE.

Pas autre chose.

MAXIMILIEN.

En vérité, Mademoiselle, je serais le dernier des hommes
que vous ne me traiteriez pas autrement.

FERNANDE, se levant.

Adieu, Monsieur.

MAXIMILIEN, se mettant entre elle et la porte.

Non, Mademoiselle, non ! Vous ne me quitterez pas ainsi. Je lis un immense mépris dans vos yeux. L'explication que je vous demandais, je l'exige maintenant.

FERNANDE, avec hauteur.

Vous savez bien que je ne puis vous la donner.

MAXIMILIEN.

Je vous jure que je ne sais rien, que je ne comprends rien, sinon que je suis atteint dans mon honneur. Répondez-moi, je vous en supplie ! Qui m'a calomnié ? de quoi suis-je accusé ?

FERNANDE.

De rien, Monsieur ; brisons là, je vous prie.

MAXIMILIEN.

Voyons, Mademoiselle, vous êtes bonne, vous faites l'aumône avec votre cœur ; ayez pitié de mon angoisse. Il s'agit de ce que j'ai de plus cher.

FERNANDE.

Qu'attendez-vous de cette comédie ? Espérez-vous me faire dire ce que je rougis de savoir ? Laissez-moi passer.

MAXIMILIEN.

Mais vous ne me dites pas un mot qui ne soit un coup de couteau ! Je vous conjure à genoux !...

FERNANDE.

Gardez cela pour...

MAXIMILIEN.

Pour qui ?

FERNANDE.

Pour votre carrière. (Elle passe.)

MAXIMILIEN.

Ah! je comprends!... (Fernande s'arrête sur la porte.) Il y a eu ici des misérables... et vous me jugez d'après eux! Ma justification ne sera pas longue, et c'est à vous plutôt qu'à moi de baisser les yeux devant votre soupçon. Allez, je vous plains... je vous plains plus que vous m'outragez, pauvre jeune fille qui avez perdu la sainte ignorance du mal.

SCÈNE XII.

Les Mêmes, MARÉCHAL, LE MARQUIS.

MARÉCHAL.

Eh bien! monsieur Gérard, voilà comme vous travaillez?

MAXIMILIEN.

Je priais Mademoiselle de se charger auprès de vous, Monsieur, d'une communication qui me coûte un peu : ma démission.

MARÉCHAL.

Comment! votre démission? Mais je ne l'accepte pas. Vous me laissez là juste au moment où j'ai besoin de vous!

LE MARQUIS.

Cela ne se fait pas, mon cher.

MAXIMILIEN.

Je me suis mal expliqué, Monsieur. Je ne suis pas homme à reconnaître vos bontés, en vous mettant dans l'embarras. Je voulais seulement vous prier de me chercher un successeur. Je resterai jusqu'à ce que vous l'ayez trouvé.

MARÉCHAL.

C'est très-contrariant! je m'habituais à vous, moi. Je déteste les nouveaux visages.

LE MARQUIS.

Quelle lubie vous passe par la tête?

MARÉCHAL.

Est-ce qu'on vous offre une meilleure place?

MAXIMILIEN.

Non, Monsieur; si je quitte votre service, c'est pour rentrer au mien. Je suis habitué à ne relever que de mon travail, et je me sens incapable d'aucune autre sujétion.

MARÉCHAL.

Votre travail!... sapristi! vous m'avez avoué qu'avant d'être à moi vous faisiez des travaux de librairie, à trente francs la feuille, petit texte.

MAXIMILIEN.

Petit texte, oui, Monsieur.

MARÉCHAL.

Et vous voulez recommencer ce métier de meurt de faim?

FERNANDE, à part.

Je lui ai ôté son pain!

MARÉCHAL.

Mais c'est absurde!

MAXIMILIEN.

Rappelez-vous la fable du *Loup et du Chien.*

MARÉCHAL.

Est-ce qu'on vous traite ici comme un chien? Vous manque-t-on d'égards!

MAXIMILIEN.

Au contraire, Monsieur; mais par un travers de mon esprit, dont je ne suis pas maître, tous les soins qu'on prend pour me faire oublier l'infériorité de ma position ne servent

qu'à me la rappeler. C'est injuste et ridicule, je le sais. Je
n'accuse que moi, mais je souffre et je m'en vais. (Fernande sort
par la gauche.)

LE MARQUIS, à part.

Il y a quelque chose là-dessous.

MARÉCHAL.

Vous êtes un orgueilleux, que voulez-vous que je vous
dise ! Je ne peux pas vous retenir de force.

LE MARQUIS, bas à Maréchal.

Laissez-moi lui parler.

MARÉCHAL.

Parlez-lui. (Il sort par la droite.)

SCÈNE XIII.

LE MARQUIS, MAXIMILIEN.

LE MARQUIS.

Ah ! çà, mon cher, que se passe-t-il?

MAXIMILIEN.

Vous auriez dû me prévenir, monsieur le Marquis, que
j'entrais ici pour être le patito de madame Maréchal.

LE MARQUIS.

Ah ! c'est là que le bât vous blesse? Vous avez donné dans
l'œil à la bonne dame? Rassurez-vous: elle ne vous obli-
gera pas à lui laisser votre manteau. C'est une personne
romanesque, mais platonique. Son héros n'est pas forcé de
participer au roman; elle en fait tous les frais. Elle se
persuade qu'elle est aimée, elle se livre des combats terri-
bles, et en fin de compte, elle triomphe de son danger ima-
ginaire en exilant le séducteur dans un bon emploi. Vous
voyez que vous pouvez rester.

MAXIMILIEN.

Monsieur le Marquis, c'est une circonstance atténuante
pour madame Maréchal, mais non pour le malheureux qui
exploite les ridicules de cette dame. Si je rencontrais un
de mes prédécesseurs, je ne le saluerais pas, même après
cette explication.

LE MARQUIS.

Vous êtes fier.

MAXIMILIEN.

M'en blâmez-vous?

LE MARQUIS.

Non, certes!

MAXIMILIEN.

En consentant à rester encore quelques jours dans cette
position intolérable, je crois rendre tout ce que je dois à
vous, monsieur le Marquis, et à monsieur Maréchal; ne
m'en demandez pas davantage.

LE MARQUIS.

Je n'ai rien à répliquer.

MAXIMILIEN.

Je retourne dans la bibliothèque, que je ne quitterai plus
jusqu'à l'arrivée de mon successeur. (Il sort.)

LE MARQUIS.

Ce petit bâtard mériterait d'être gentilhomme. (Il sort.)

FIN DU DEUXIÈME ACTE.

ACTE TROISIÈME.

SCÈNE PREMIÈRE.

MARÉCHAL, seul, debout, au milieu, derrière le fauteuil, comme à la tribune;
sur le guéridon, à côté de lui, est un verre d'eau, il boit.

Et, Messieurs, soyez-en bien convaincus, la seule base
solide dans l'ordre politique, comme dans l'ordre moral,
c'est la foi! Ce qu'il faut enseigner au peuple, ce ne sont
pas les droits de l'homme, ce sont les droits de Dieu; car
les vérités dangereuses ne sont pas des vérités. L'institution
divine de l'autorité, voilà le premier et le dernier mot de
l'instruction primaire! (Descendant en scène son manuscrit à la main.)
Là! je sais imperturbablement ma première partie. Ce n'est
pas sans peine; j'ai la mémoire rétive comme tous les
diables. C'est une faculté subalterne, la mémoire. — Décidément, je réciterai. Il est superbe mon discours. Je voudrais bien savoir qui l'a fait, pour lui commander le suivant.
Je ne sais pas s'il produira sur la Chambre le même effet
que sur moi; mais il me semble irréfutable; il m'affermit
dans mes convictions, il m'enlève. Oh! la belle chose que
l'éloquence! J'étais né pour être orateur; j'ai la voix et le
geste, les dons qui ne s'acquièrent pas : le reste (Regardant le
manuscrit.) s'acquiert. — Ce petit animal de Gérard ne finit pas
de déjeuner. Je voudrais bien avoir la suite de mon dis-

cours... je n'ai pas trop de temps pour l'apprendre d'ici à
demain. Ne mangez plus à ma table, si cela vous humilie,
mon bon ami; mais ne me volez pas une heure après chaque
repas : mon temps est précieux. — Son grand amour d'indépendance, c'est le besoin de digérer en fumant, voilà
tout. Il n'y a plus de société possible avec le cigare. Tout
se tient : les mauvaises manières engendrent les mauvaises
mœurs; et regardez-y de près, Messieurs, vous reconnaîtrez
que le chemin des révolutions est jonché du débris des con-
venances. — Ne voilà-t-il pas que j'improvise, maintenant?

SCÈNE II.

MARÉCHAL, MAXIMILIEN.

MARÉCHAL.

Eh bien, jeune homme, déjeune-t-on mieux au restau-
rant que chez moi? On y déjeune au moins plus longue-
ment, sans reproche.

MAXIMILIEN.

Je n'ai plus que quelques pages de votre discours à co-
pier, Monsieur; j'aurai fini dans une heure.

MARÉCHAL.

Donnez-moi toujours ce qu'il y a de fait, que je l'étudie.

MAXIMILIEN, prenant des feuilles dans le tiroir du bureau.

Voilà, Monsieur. Je me suis permis de rétablir quelques
mots nécessaires à la construction grammaticale, qui étaient
évidemment restés au bout de votre plume.

MARÉCHAL.

Je griffonne si rapidement.

MAXIMILIEN.

D'autres étaient illisibles; je les ai restitués d'après le .

sens de la phrase : ainsi, *prolégomènes, synthétique, logo-
machie.*

MARÉCHAL.

Je vois avec plaisir que les secrets de la langue vous sont
familiers.

MAXIMILIEN.

Ce ne sont là des secrets pour personne.

MARÉCHAL.

Pour personne! — Vous êtes un homme de mérite, mon
cher Gérard; entre nous, que vous semble de mon discours,
là, franchement?

MAXIMILIEN.

Il me trouble beaucoup, Monsieur; il m'irrite.

MARÉCHAL.

Il vous irrite?

MAXIMILIEN.

Comme tous les raisonnements auxquels on ne trouve rien
à répondre, et contre lesquels proteste pourtant le sentiment intime.

MARÉCHAL.

Vous avouez qu'il n'y a rien à répondre? Ça me suffit.

MAXIMILIEN.

C'est surtout la seconde partie qui est d'une grande force.

MARÉCHAL.

Ah! oui.

MAXIMILIEN.

J'avoue que j'ai besoin de rassembler mes idées pour les
défendre d'une attaque aussi vive.

MARÉCHAL.

Vous me charmez. Je crois que je produirai une grande

sensation. Je vais achever de l'apprendre par cœur; car un discours lu est toujours froid. Vous m'apporterez la fin dans ma chambre, je vous prie; et si vous le voulez bien, nous ferons une répétition générale, où vous simulerez des interruptions, pour habituer ma mémoire au tumulte des assemblées.

MAXIMILIEN.

Je suis à vos ordres. (Maréchal sort.)

SCÈNE III.

MAXIMILIEN, seul.

C'est vrai que je suis troublé et irrité. Troublé, c'est tout simple; je sens branler sous moi l'échafaudage de mes idées... Mais irrité? contre qui? Contre la vérité? c'est trop bête! Et c'est ainsi pourtant! Ma raison prend un chemin où je me refuse à la suivre. Il me semble qu'elle passe à l'ennemi. — L'ennemi! Est-ce que j'ai de la haine pour quelqu'un? Non; pas même pour cette jeune fille. — Quel singulier produit de la civilisation, ce front pur, ces yeux limpides et cette âme fanée! Dire que j'étais sur le point de la prendre pour un ange avec sa vieille Hardouin! Ah! Mademoiselle, vous choyez la pauvreté qui s'agenouille et se lamente; celle qui se tient silencieuse et debout vous l'insultez! Vos pauvres sont vos joujoux de charité! Décidément je la déteste.

SCÈNE IV.

MAXIMILIEN, MADAME MARÉCHAL, un livre à la main.

MAXIMILIEN, à part.

A l'autre, maintenant!

MADAME MARÉCHAL.

Je rapporte *Jocelyn*. (Maximilien s'incline, s'assied devant le bureau et se met à écrire. — Madame Maréchal replace le livre dans la bibliothèque. — Un silence.)

MADAME MARÉCHAL.

On ne vous a pas vu depuis hier, monsieur Maximilien. C'est par mon mari que je sais que vous nous quittez.

MAXIMILIEN.

Oui, Madame.

MADAME MARÉCHAL.

Le vrai motif de votre détermination est-il bien celui que vous avez donné à M. Maréchal?

MAXIMILIEN.

Sans doute.

MADAME MARÉCHAL.

Tant mieux! Je craignais que ma belle-fille ne vous eût blessé en quelque façon.

MAXIMILIEN.

Non, Madame.

MADAME MARÉCHAL.

Alors, vous ne nous quittez pas fâché? Vous n'oublierez pas tout à fait que cette maison a été la vôtre pendant quelques jours? Le secrétaire nous quitte, mais l'ami reviendra?

MAXIMILIEN.

Certainement, Madame.

MADAME MARÉCHAL.

J'avais besoin de cette promesse; car vous m'avez inspiré une véritable amitié, monsieur Maximilien.

MAXIMILIEN.

Vous êtes trop bonne, Madame.

MADAME MARÉCHAL.

Ce n'est pas une protestation banale, soyez-en sûr. J'espère que vous me mettrez un jour à l'épreuve.

MAXIMILIEN.

Jamais !

MADAME MARÉCHAL.

Pourquoi jamais ? Votre fierté refuse-t-elle de devoir quelque chose à une affection presque maternelle ?

MAXIMILIEN.

Eh ! Madame, laissons là cette maternité impossible.

MADAME MARÉCHAL, baissant les yeux.

Ne puis-je être au moins votre sœur aînée ?

MAXIMILIEN.

Non, Madame, pas plus ma sœur que ma mère.

MADAME MARÉCHAL, d'une voix faible.

Quoi donc alors ?

MAXIMILIEN.

Rien. (Un silence.)

MADAME MARÉCHAL.

Oui, vous avez raison ; tout nous sépare. J'étais folle de vous demander de revenir ; ne me revoyez plus. Je comprends votre départ à présent. Vous êtes un honnête homme, je vous remercie.

MAXIMILIEN, à part.

Il n'y a pas de quoi.

SCÈNE V.

Les Mêmes, FERNANDE.

MAXIMILIEN, à part.

Encore ! (Il se remet à écrire.)

FERNANDE, à madame Maréchal.

Je viens chercher un livre.

MADAME MARÉCHAL.

Quel livre?

FERNANDE.

Je n'en sais rien. Je suis désœuvrée et je voudrais lire.
Conseillez-moi, monsieur Maximilien... quelque chose qui
puisse m'intéresser. (Maximilien se lève et va à la bibliothèque.)

FERNANDE, à part.

J'espérais le trouver seul. (Maximilien lui donne un livre en s'inclinant et retourne à son bureau.)

FERNANDE, ouvrant le livre.

« *Le dictionnaire de la noblesse.* » Est-ce une épigramme?
Je ne la mérite pas. Je n'ai pas plus de prétentions nobi-
liaires que vous. (Donnant le livre à madame Maréchal.) Tenez,
Madame.

MADAME MARÉCHAL.

Si j'ai des prétentions, ma chère, elles sont fondées.

FERNANDE.

Je n'en doute pas. — Donnez-moi autre chose, monsieur
Maximilien... ce que vous donneriez à votre sœur.

MAXIMILIEN, à part, se levant.

Elle aussi!... Trop de parentes.

MADAME MARÉCHAL, à part.

Comme elle lui fait des grâces!

UN DOMESTIQUE.

M. le comte d'Outreville demande si ces dames sont
visibles.

MAXIMILIEN, à part.

On va me laisser tranquille. (Il s'assied à son bureau.)

FERNANDE.

Voulez-vous l'aller recevoir, Madame?

MADAME MARÉCHAL.

Il demande à nous voir toutes les deux.

FERNANDE.

Je suis mal en train, vous m'excuserez.

MADAME MARÉCHAL, à part.

On dirait qu'elle veut rester seule avec Maximilien. (Au domestique.) Faites entrer monsieur le Comte ici. (Le domestique sort.)

SCÈNE VI.

LES MÊMES, LE COMTE.

LE COMTE.

Pardonnez-moi, Mesdames, de me présenter de si bonne heure. Cette lettre de M. d'Auberive vous expliquera l'irrégularité de ma conduite.

MAXIMILIEN, à part.

Ce jeune Comte a l'air franc... comme un jeton.

MADAME MARÉCHAL, lisant la lettre.

Votre cousin me prie, monsieur le Comte, de vous guider dans l'emplette de la corbeille.

LE COMTE.

Il s'occupe lui-même de la publication des bans.

FERNANDE.

Déjà ?

LE COMTE.

Il ne veut pas vous laisser le temps de la réflexion, Mademoiselle.

FERNANDE.

Ce n'est pas poli pour vous, Monsieur.

LE COMTE.

Il rend justice à mon peu de mérite.

MAXIMILIEN, à part.

Elle épouse ce parchemin? Elle est complète.

MADAME MARÉCHAL.

M. d'Auberive fait les mariages, comme Bonaparte fai-
sait la guerre. Je vais mettre un châle et un chapeau, et
je suis à vous. (A part.) Je ne suis pas fâchée que Maximilien sache la nouvelle. (Elle sort.)

SCÈNE VII.

MAXIMILIEN, FERNANDE, LE COMTE.

MAXIMILIEN, à part.

Vais-je assister à leurs idylles comme un king-Charles?

LE COMTE.

Permettez-moi, Mademoiselle, de mettre à profit ces
trop courts instants... (Maximilien tousse.) Nous ne sommes
pas seuls!

FERNANDE.

Le secrétaire de mon père, M. Gérard.

LE COMTE.

Je serais enchanté de faire sa connaissance ; veuillez donc
me le présenter.

FERNANDE, à Maximilien.

M. Maximilien, je vous présente M. le comte d'Outreville,
mon fiancé.

LE COMTE, à part.

C'est moi qu'elle présente ?

MAXIMILIEN.

Monsieur...

LE COMTE.

Charmé, Monsieur... (A part.) Il me déplaît. (Un silence. -- A
Fernande.) On m'a dit que M. Maréchal ne recevait pas. Serait-il
indisposé?

FERNANDE.

Il s'est enfermé pour travailler; n'est-ce pas, monsieur
Maximilien?

MAXIMILIEN, à son bureau.

Oui, Mademoiselle. (Un silence.)

LE COMTE.

J'ai passé dimanche dernier une délicieuse matinée. J'ai
entendu à la Madeleine une messe en musique exécutée par
les chanteurs de vos premiers théâtres. L'orgue était tenu
par un très-bon virtuose.

FERNANDE.

Vous aimez la musique?

LE COMTE.

Oh! certainement. J'ai remarqué aussi avec plaisir que
l'église était chauffée.

FERNANDE.

Oui, notre piété aime ses aises.

LE COMTE.

Et qu'on a raison de les lui donner! Aussi l'église était
pleine... A Paris! C'est un spectacle consolant que cette
recrudescence de la dévotion publique.

FERNANDE.

Qu'en pensez-vous, monsieur Maximilien?

MAXIMILIEN.

Je suis bien aise que Monsieur soit consolé. Quant à moi,
je n'avais pas besoin de consolation; je suis philosophe.

LE COMTE.

Voulez-vous dire par là que vous n'êtes pas chrétien?

MAXIMILIEN.

Si fait, Monsieur, je le suis! A telles enseignes que je pratique le pardon des offenses.

FERNANDE.

Le pardon ou le dédain?

MAXIMILIEN.

Tous les deux.

FERNANDE.

Sans faire de différence entre le repentir et l'endurcissement?

MAXIMILIEN.

Je n'y regarde pas de si près.

FERNANDE.

Vous êtes injuste, Monsieur.

MAXIMILIEN.

C'est possible, Mademoiselle; vous en savez plus long que moi sur toutes choses.

FERNANDE, se levant, troublée.

Ma belle-mère tarde bien; je vais la presser un peu. (Elle sort.)

SCÈNE VIII.

LE COMTE, MAXIMILIEN.

LE COMTE, à part.

On dirait qu'il y a de la pique entre eux. (Haut.) Voilà long-temps, Monsieur, que vous êtes dans la maison?

MAXIMILIEN.

Non, Monsieur, et je n'y reste pas.

LE COMTE.

Je le regrette, Monsieur, puisque j'y entre moi-même.

MAXIMILIEN.

Trop aimable.

LE COMTE.

J'espère que ce n'est pas moi qui vous en chasse ?

MAXIMILIEN.

Comment serait-ce vous ?

LE COMTE.

Oh ! vous savez : cela se dit quand quelqu'un sort au moment qu'on entre.

MAXIMILIEN.

Pardon, Monsieur, je viens de terminer un travail qu'attend M. Maréchal et que je vais lui porter. (Il salue et sort.)

SCÈNE IX.

LE COMTE, seul.

Hum ! est-ce que mon mariage interromprait un petit roman ? Je suis plus défiant que je n'en ai l'air, moi ! Ce Monsieur qui n'a pas besoin d'être consolé, qui pratique le pardon des injures, qui quitte sa place au moment où mademoiselle Fernande se marie... Elle est sortie rouge comme une cerise sur un mot... probablement à double entente. Hum ! je n'aime pas tout ça, moi ! J'en parlerai au marquis. (Un domestique introduit la Baronne.)

SCÈNE X.

LE COMTE, LA BARONNE.

LE COMTE, à part.

Ciel ! la Baronne !

LA BARONNE.

Vous, monsieur le Comte? et seul! Pourquoi m'a-t-on introduite ici?

LE COMTE.

Ces dames étaient là à l'instant et vont revenir.

LA BARONNE.

A la bonne heure! Quant à M. Maréchal, il est invisible.

LE COMTE.

Il travaille, m'a-t-on dit.

LA BARONNE.

A quoi, mon Dieu?

LE COMTE.

Probablement à son discours.

LA BARONNE.

Je le croyais fait. C'est justement à ce sujet que je viens. J'espère que madame Maréchal m'aidera à forcer la consigne qui dérobe son époux aux regards des mortels.

LE COMTE.

Je n'en doute pas.

LA BARONNE.

Ni moi non plus. (A part.) Il est d'une candeur... inestimable. (Haut et s'asseyant.) Voilà trois fois en très-peu de jours que le ciel vous met sur mon chemin : cela ne ressemble-t-il pas à une volonté de nous faire lier connaissance?

LE COMTE, debout.

On le dirait.

LA BARONNE.

Peut-être doit-il résulter de notre rencontre quelque chose d'heureux pour notre cause. J'en ai comme un pressentiment; et vous?

LE COMTE.

Ce serait bien glorieux pour moi, Madame.

LA BARONNE.

Vous avez sur le front le signe des appelés.

LE COMTE.

Vous êtes trop bonne.

LA BARONNE.

Le ciel emploie volontiers les mains pures. Le célibat est une grande vertu, vous le savez.

LE COMTE.

Hélas! je vais me marier.

LA BARONNE.

Vous marier?

LE COMTE.

Oui, Madame ; j'épouse mademoiselle Fernande.

LA BARONNE.

On peut aussi faire son salut dans le mariage. Mes compliments, monsieur le Comte ; votre future est charmante et justifie bien la violence de votre passion.

LE COMTE.

La violence?

LA BARONNE.

Dame! il n'y a qu'une passion violente qui puisse excuser...

LE COMTE.

Mais le rôle politique de M. Maréchal n'est-il pas une noblesse? Je ne crois pas déroger en m'alliant à notre champion.

LA BARONNE, à part.

Ah! M. d'Auberive! C'est bon à savoir. (Haut.) Alors, c'est un mariage de convenance que vous faites?

LE COMTE.

Oui, Madame ; mon cousin le désire beaucoup.

LA BARONNE.

C'est parfait. Je ne sais pas, d'ailleurs, de quoi je me
mêle, et vous devez me trouver fort indiscrète. Ne vous en
prenez qu'à une sympathie peut-être inconsidérée ; mais,
quand je vous ai vu, il m'a semblé que c'était un ami qui
me venait. (Lui tendant la main.) Me suis-je trompée ?

LE COMTE.

Oh ! Madame. (Il porte sa main vers ses lèvres.)

LA BARONNE, retirant sa main avec un sourire.

Non... ce n'est pas une galanterie banale que je vous demandais..... cette petite main de femme est digne d'être
serrée virilement, vous lui rendrez un jour cette justice. —
Vous regardez mon bracelet ?

LE COMTE.

Votre ?... oui...

LA BARONNE, le détachant et le lui donnant.

Il est d'un travail assez curieux...

LE COMTE.

Très-curieux.

LA BARONNE.

Le médaillon surtout. Il contient des cheveux de mon
mari.

LE COMTE.

Quoi ! ces cheveux blancs ?

LA BARONNE.

Oh ! ma vie a été austère, monsieur le Comte. A l'âge de
dix-sept ans, j'épousais un vieillard pour accomplir les der-
nières volontés de ma bienfaitrice.

LE COMTE.

Votre bienfaitrice?

LA BARONNE.

Orpheline au berceau, sans fortune, j'avais été recueillie
par une parente éloignée, la douairière de Pfeffers, créature
angélique, qui m'éleva comme sa fille. Quand elle sentit ap-
procher sa fin, elle appela près d'elle son fils le baron Pfeffers, alors sexagénaire, et nous prenant à chacun une main
dans ses mains défaillantes : « Ma mort, nous dit-elle, va
« vous enlever votre unique amie; promettez-moi d'unir vos
« deux solitudes, et je mourrai tranquille. O mon fils! je
« confie son enfance à votre vieillesse, et votre vieillesse à
« son enfance. Ce n'est pas un mari que je te donne,
« ajouta-t-elle en se tournant vers moi, c'est un père! »

LE COMTE, très-ému.

Et en effet il fut un père pour vous?

LA BARONNE.

Le père le plus respectueux. Mais je ne sais pourquoi je
m'abandonne à ces souvenirs... Rendez-moi mon bracelet.

LE COMTE, à part.

C'est un ange!

LA BARONNE.

Mon Dieu! qu'on est maladroite d'une seule main! Venez
à mon secours, monsieur le Comte! (Elle tend son bras nu au
Comte. — Le Comte essaye de rattacher le bracelet.) Vous n'êtes pas
plus adroit que moi. Voyons si nous en viendrons à bout
avec trois mains. (Elle aide le Comte. Leurs yeux se rencontrent; le
Comte éperdu se détourne. — A part.) Pauvre garçon! qu'on vienne
maintenant lui faire des histoires sur mon compte, on
sera bien reçu! (Haut.) Accompagnerez-vous votre future
chez moi ce soir?

LE COMTE.

Ma future...

LA BARONNE.

Je le veux. Je n'ai jamais été heureuse ; mais j'aime le bonheur des autres. Ce doit être charmant l'éclosion d'un amour pur dans une jeune âme. Mademoiselle Fernande doit vous adorer.

LE COMTE.

Si elle aime quelqu'un...

LA BARONNE.

Ce n'est pas vous ? qui donc ?

LE COMTE, revenant à lui.

Personne. Je voulais dire qu'elle m'épouse pour se marier.

LA BARONNE, à part.

Il y a quelqu'un... je saurai qui. (Haut.) Et à quand le mariage ?

LE COMTE, tristement.

Le premier ban sera publié demain, et je vais tout à l'heure acheter la corbeille.

LA BARONNE, à part.

On a vu manquer des mariages plus avancés. (Haut.) Il ne me reste plus qu'à vous féliciter.

SCÈNE XI.

Les Mêmes, MADAME MARÉCHAL, en grande toilette de ville.

MADAME MARÉCHAL.

Que d'excuses, chère Baronne ! On vient seulement de m'avertir que vous étiez là.

LA BARONNE.

En fort bonne compagnie, comme vous voyez, Madame.
Mais vous allez sortir, je ne veux pas vous arrêter.

MADAME MARÉCHAL.

Oh ! je vous en prie, rien ne presse.

LA BARONNE.

Je dois vous avouer que ma visite n'est pas à votre adresse.
J'ai une petite communication à faire à M. Maréchal. Soyez
seulement assez bonne pour m'ouvrir le sanctuaire où il se
retire.

MADAME MARÉCHAL.

Comment! toutes les portes ne sont pas tombées devant
vous?

LA BARONNE.

Le domestique m'a allégué sa consigne, et je n'ai pas in-
sisté.

SCÈNE XII.

LES MÊMES, MAXIMILIEN.

MADAME MARÉCHAL.

Que fait donc mon mari, M. Gérard, qu'il défend sa
porte?

LA BARONNE, à part.

Le secrétaire! si c'était lui?

MAXIMILIEN.

Je crois, Madame, qu'il apprend son discours par cœur.

LA BARONNE.

Il compte donc le réciter?

MAXIMILIEN.

Oui, Madame.

LA BARONNE, à madame Maréchal.

Alors, je n'ai presque plus rien à lui dire, et il me suffira d'entre-bâiller sa porte. A propos, vous n'avez pas oublié votre promesse pour ce soir?

MADAME MARÉCHAL.

On n'oublie pas ces choses-là.

LA BARONNE.

Si M. Gérard n'a rien de mieux à faire, je serais charmée de le recevoir aussi.

MAXIMILIEN.

Moi, Madame?

LE COMTE, à part.

Elle a bien besoin d'inviter ce petit monsieur.

LA BARONNE.

A votre âge, Monsieur, on aime à voir de près les hommes illustres. Il y en a quelques-uns dans mon salon.

MAXIMILIEN.

Je vous suis très-reconnaissant, Madame.

LA BARONNE.

Vous viendrez, n'est-ce pas? (A madame Maréchal.) Veuillez me montrer le chemin, Madame.

MADAME MARÉCHAL.

Je passe donc la première. (Elle sort.)

LA BARONNE, bas, au comte, en lui montrant Maximilien.

Il est très-bien, ce jeune homme!

LE COMTE.

Je ne l'ai pas remarqué.

LA BARONNE, à part.

C'est lui. (Ils sortent.)

SCÈNE XIII.

MAXIMILIEN, seul.

Oh! non, je n'irai pas passer ma soirée chez cette baronne.
Je la passerai avec mon vieux Giboyer. (Prenant son chapeau sur
le bureau.) J'ai besoin de me soulager le cœur. Les deux mots
d'excuses de cette patricienne m'ont plus blessé que son in-
sulte. Elle a cru faire les choses grandement, et qu'une
demi-réparation était bien assez pour un pauvre diable
comme moi! Allons chez Giboyer.

SCÈNE XIV.

MAXIMILIEN, FERNANDE.

FERNANDE.

J'ai à vous parler, Monsieur.

MAXIMILIEN, sur la porte.

A moi, Mademoiselle?

FERNANDE.

Ne vous y attendiez-vous pas? N'avez-vous pas compris
dans tout ce que je fais, dans tout ce que je dis depuis ce
matin, mon profond regret de ce qui s'est passé hier?

MAXIMILIEN.

Vous regrettez?... C'est trop d'honneur pour moi.

FERNANDE.

Ce n'est pas assez, je le sais. Il y a des offenses qui
exigent une réparation aussi complète d'une femme que d'un
homme. Je vous ai calomnié dans ma pensée, et je vous en
demande pardon. Cela vous suffit-il?

MAXIMILIEN, descendant en scène.

Je vous remercie.

FERNANDE.

Eh bien, remerciez-moi en restant auprès de mon père.

MAXIMILIEN.

Pour cela, Mademoiselle, c'est impossible.

FERNANDE.

Vous ne voulez donc pas que je me croie pardonnée?

MAXIMILIEN.

Ah! vous l'êtes du plus profond de mon cœur.

FERNANDE.

Alors, ne me laissez pas le remords de vous avoir ôté votre position.

MAXIMILIEN.

Ne vous inquiétez pas de moi, Mademoiselle. Je ne suis pas embarrassé de gagner ma vie; elle n'est pas chère. Vous m'avez rendu un grand service en m'ouvrant les yeux sur les dangers que mon honneur courait ici. Les apparences sont contre moi, je m'en rends bien compte, et l'exemple de mes devanciers m'accuse. Si je restais, le monde me con-damnerait comme eux, et ce serait justice.

FERNANDE.

Justice?

MAXIMILIEN.

Ma foi, oui. Je ne vaudrais pas beaucoup plus qu'eux, si je me résignais à être méprisé comme eux, à tort ou à raison.

FERNANDE.

Mais le témoignage de votre conscience?

MAXIMILIEN, souriant.

Je la connais; elle est tracassière et me chercherait noise, sous prétexte qu'on n'a le droit de braver l'opinion que pour l'accomplissement d'un devoir. Or, ce n'en est pas un d'étaler de la confiture sur son pain.

FERNANDE.

Vous avez raison ; vous êtes un honnête homme.

MAXIMILIEN.

Eh ! Mademoiselle, l'honnêteté c'est l'orthographe.

FERNANDE.

Peu de gens la mettent comme vous.

MAXIMILIEN.

Vous êtes bien sceptique pour votre âge.

FERNANDE, baissant les yeux.

Vous me l'avez déjà dit... deux fois.

MAXIMILIEN.

Oh ! Mademoiselle, je ne voulais pas faire allusion... je n'entendais pas... pardon !...

FERNANDE, après un silence.

Il ne faut pas me juger comme une autre, Monsieur. Mon enfance n'a pas été couvée par une mère ; elle a grandi seule avec le sentiment de l'abandon et l'instinct sauvage. A l'époque où l'enfant commence à s'appuyer sur le père, une étrangère survint entre le mien et moi ; je compris que mon protecteur se livrait, et je le sentis menacé..... dans quoi ? je n'en savais rien ; mais ma tendresse jalouse devint une clairvoyance... Vous aviez raison de me plaindre, Monsieur ; j'ai vécu dans une souffrance au-dessus de mon âge, une souffrance d'homme et non de jeune fille. Il s'est livré dans ma tête des combats qui ont, pour ainsi dire, changé le sexe de mon esprit. A la place des délicatesses féminines, il s'est développé en moi un sentiment d'honneur viril ; c'est par là seulement que je vaux, et je vous donne une grande preuve

de mon estime en vous expliquant mes droits étranges à la
vôtre.

MAXIMILIEN.

Dites à mon respect, Mademoiselle.

FERNANDE.

Nos routes se sont rencontrées un instant, et vont se sé-
parer probablement pour toujours ; mais je me souviendrai
de cette rencontre, et j'espère que vous ne l'oublierez pas.

MAXIMILIEN.

Non, certes... et mes humbles vœux vous suivront dans
l'éclat de votre nouvelle existence. Puisse-t-elle tenir ce que
vous vous en promettez !

FERNANDE, avec un sourire triste.

Je n'ai pas été gâtée, et ne suis pas bien exigeante.

MAXIMILIEN.

Votre rêve pourtant me semble assez aristocratique.

FERNANDE.

Me croyez-vous éprise d'un titre ?

MAXIMILIEN.

Dame ! Ce ne peut pas être de la personne qui... Pardon,
Mademoiselle, je m'oublie... j'abuse du hasard qui m'a jeté
si avant dans votre confidence.

FERNANDE, avec effort

Comment ne comprenez-vous pas, après cette confidence,
que la maison paternelle m'est devenue intolérable, et que
j'accepte la première main qui s'offre à m'en tirer ?

MAXIMILIEN.

Quoi ! c'est pour cela seulement ?... C'est le bon Dieu qui
m'a mis sur votre chemin ; ne prenez pas de parti désespéré,
Mademoiselle ; les choses ne sont pas aussi graves que vous

le supposez. Je sais positivement, je sais par le marquis
d'Auberive que les torts de votre belle-mère ne sont que des
enfantillages romanesques.

FERNANDE.

Plût au ciel! mais...

MAXIMILIEN.

Mais quoi? qu'avez-vous surpris? Des lettres, des aveux?
c'est possible; mais je vous certifie que c'est tout.

FERNANDE.

Et que pourrait-elle davantage?

MAXIMILIEN, la regarde avec étonnement, et, après un silence,
s'inclinant très-bas.

C'est vrai.

FERNANDE.

Vous voyez bien que j'ai encore plus raison que vous de
partir. Et je suis reconnaissante à M. d'Outreville de m'em-
mener. — Je les entends qui rentrent; reprenons chacun
notre chemin. Adieu, Monsieur. (Elle sort.)

SCÈNE XV.

MAXIMILIEN, seul.

O chasteté! (Il reste un instant immobile, tourné vers la porte par où
Fernande est sortie; puis il va à son bureau, s'assied, trempe sa plume dans
l'encrier :) Tiens! je suis bête! ma besogne est finie. (Se levant.)
M. Maréchal n'a plus besoin de moi jusqu'à ce soir; je suis
libre. (Il prend son chapeau.) Que vais-je faire de ma journée?
C'est singulier comme je m'ennuie! Bah! je vais me promener sur les boulevards. (Il s'assied.) Dieu! que je m'ennuie!

SCÈNE XVI.

MAXIMILIEN, GIBOYER.

GIBOYER.

Bonjour, l'enfant.

MAXIMILIEN.

Toi, mon vieil ami? Ah! que tu viens à propos! Que fais-
tu aujourd'hui? J'ai congé, allons à Viroflay.

GIBOYER.

Le quinze janvier!

MAXIMILIEN.

Tiens, c'est vrai.

GIBOYER.

Tu bourgeonnes trop tôt. Calme ces ébullitions printa-
nières et écoute-moi de tes deux oreilles. — Maximilien,
nous sommes riches.

MAXIMILIEN, avec joie.

Riches?

GIBOYER.

Je viens de faire un héritage d'un parent que je ne me
connaissais pas.

MAXIMILIEN.

Un héritage?

GIBOYER.

Douze mille livres de rente.

MAXIMILIEN, tristement.

Voilà tout?

GIBOYER.

Comment voilà tout? Monsieur tutoie des millionnaires?

MAXIMILIEN.

Non, mais tu avais l'air d'annoncer le Pactole.

GIBOYER.

Je le croyais… Mille francs par mois me paraissaient assez
mythologiques.

MAXIMILIEN.

Ce n’est pas la richesse, mon pauvre ami.

GIBOYER.

En tout cas, c’est l’indépendance. Tu n’es plus fait pour
être au service de personne, l’enfant. Donne ta démission à
M. Maréchal.

MAXIMILIEN.

Elle est donnée.

GIBOYER.

Bah !

MAXIMILIEN.

Je n’ai pas attendu tes millions pour m’ennuyer d’être
chez les autres.

GIBOYER.

Tout est pour le mieux ! Tu vas reprendre ton tour du
monde.

MAXIMILIEN.

Quitter Paris ?

GIBOYER.

Qui t’y retient ?

MAXIMILIEN.

Mais… toi.

GIBOYER.

Tu te figureras que je suis toujours à Lyon. Ce n’est pas
pour mon plaisir que je me sépare de toi. Quand on veut
que le vin de Bordeaux vieillisse vite, on l’expédie sur mer.
C’est une dépense d’argent, mais une économie de temps.
Dans un an, j’aurai du Maximilien retour des Indes.

MAXIMILIEN.

Tu veux m’expédier aux Indes ?

7

GIBOYER.

Pas tout à fait ; en Amérique.

MAXIMILIEN.

Pourquoi faire?

GIBOYER.

Tiens, parbleu! pour y étudier la démocratie.

MAXIMILIEN.

Merci!... C'est trop loin.

GIBOYER.

C'est plus loin que Viroflay; mais tu adorais les voyages!

MAXIMILIEN.

Il paraît que je ne les aime plus.

GIBOYER.

Ah!... qu'aimes-tu donc?

MAXIMILIEN.

J'aime... Mais que n'y vas-tu toi-même, en Amérique, pour te guérir une bonne fois de tes chimères?

GIBOYER.

Mes chimères?... Ne sont-elles plus les tiennes? Voilà du nouveau! Qu'est-ce qu'il y a là-dessous?

MAXIMILIEN, avec impatience.

Rien. Que veux-tu qu'il y ait?

GIBOYER, le prenant par le bras.

Regarde-moi donc en face!

MAXIMILIEN, se dégageant vivement.

Eh! laisse-moi!... N'est-on pas maître de croire autre chose que ce que tu enseignes? (Il remonte la scène.)

GIBOYER.

Ah!... Et peut-on savoir ce que tu crois?

MAXIMILIEN.

Je crois que la seule base solide dans l'ordre politique
comme dans l'ordre moral, c'est la foi, là !

GIBOYER.

Tu es légitimiste à présent?

MAXIMILIEN.

On n'est pas légitimiste pour ça.

GIBOYER.

Ne jouons pas sur les mots. Je ne connais qu'une façon
d'introduire la foi dans le domaine de la politique, c'est de
professer que tout pouvoir vient de Dieu, et par conséquent
ne doit de comptes qu'à Dieu. C'est une opinion considérable, je ne dis pas le contraire ; mais quand on la professe,
à quelque parti qu'on croie appartenir, on est légitimiste.

MAXIMILIEN.

Eh bien ! mettons que je le suis.

GIBOYER.

Tu l'es ?

MAXIMILIEN.

Pourquoi pas ?

GIBOYER.

Ma vie se déroberait sous moi pour la seconde fois? (Allant
à Maximilien.) Qui t'a volé à moi, cruel enfant? Par où m'échap-
pes-tu? Qui t'a perverti? Il y a une femme là-dessous! Les
femmes seules font de ces conversions-là! Tu n'es pas légitimiste, tu es amoureux!

MAXIMILIEN.

Moi!

GIBOYER.

Il y a ici quelque sirène qui s'est amusée à te catéchiser.

MAXIMILIEN, passant à gauche.

Madame Maréchal, une sirène! Mon seul catéchisme est un discours de son mari que j'ai médité en le copiant.

GIBOYER.

Le discours de Maréchal! Un ramas de sophismes et de vieilles déclamations!

MAXIMILIEN.

Qu'en sais-tu?

GIBOYER.

Parbleu! c'est moi qui l'ai fait!

MAXIMILIEN.

Toi?

GIBOYER, après une hésitation.

Eh bien! oui, moi! Par conséquent tu vois ce qu'en vaut l'aune.

MAXIMILIEN.

Ah! tu fais ce métier-là? C'était avant ton héritage, sans doute?

GIBOYER.

Méprise-moi, marche sur moi, je ne compte plus; mais rends-moi la droiture de ton esprit qui est le fondement de mon édifice, ma réhabilitation à mes propres yeux, ma résurrection! J'ai déshonoré en ma personne un soldat de la vérité, je ne suis plus digne de la servir; mais je lui dois un remplaçant, et je me suis promis que ce serait toi. Ne déserte pas, mon cher enfant!

MAXIMILIEN.

Ta vérité n'est plus la mienne! Celle que je reconnais et que je veux servir, c'est celle qui t'a dicté ton discours. Ce qui m'étonne, c'est qu'elle ne t'ait pas désabusé toi-même de tes utopies.

GIBOYER.

Ah! la pire des utopies est celle qui veut faire rebrousser
chemin à l'humanité.

MAXIMILIEN.

Quand elle s'est trompée de route!

GIBOYER.

Les fleuves ne se trompent pas, et ils submergent les
fous qui veulent les arrêter.

MAXIMILIEN.

Des phrases!

GIBOYER.

Des faits!... Demande à la restauration.

MAXIMILIEN.

En somme, vous n'avez rien à mettre à la place de ce que
vous avez détruit.

GIBOYER.

Nous n'avons rien? Et où as-tu vu dans l'histoire qu'une
société en ait remplacé une autre, sans apporter au monde
un dogme supérieur? — L'antiquité n'admettait l'égalité ni
devant la loi humaine, ni devant la loi divine; le moyen âge
l'a proclamée au ciel, 89 l'a proclamée sur la terre.

MAXIMILIEN, passant à droite.

Tu as raison; là, es-tu content?

GIBOYER, le suivant.

Ne fuis pas la discussion, mon enfant; j'ai tant besoin de
te persuader! Ce n'est pas une opinion que je défends, c'est
ma vie!

MAXIMILIEN.

Ta vie! — Voyons, est-ce qu'il y a une société possible
sans hiérarchie?

GIBOYER.

Non, cent fois non.

MAXIMILIEN.

Alors que fais-tu de l'égalité?

GIBOYER.

Ah! la confusion des langues !... L'égalité n'est pas un niveau.

MAXIMILIEN.

Quoi donc alors ?

GIBOYER.

Ce grand mot ne peut avoir qu'un sens, le même ici-bas que là-haut : à chacun selon ses œuvres! Est-ce là, je te le demande, un principe incompatible avec une hiérarchie?

MAXIMILIEN.

Il est inapplicable.

GIBOYER.

Il est appliqué... en partie du moins, et on peut déjà juger de sa solidité. L'administration, la magistrature, l'armée, pour ne pas parler du clergé, ne sont-elles pas de véritables hiérarchies du mérite? Eh bien! ont-elles bougé depuis soixante ans? Nos révolutions ont-elles songé à y porter la main? Elles sont tellement solides qu'elles ont soutenu tout le reste. Et c'est ce problème à moitié résolu qu'on ose proclamer insoluble? Au lieu d'achever l'édifice dans ses parties provisoires, on le déclare atteint et convaincu de caducité et on aime mieux se confier à des ruines? Et ceux qui font cela se disent ennemis des utopies? — J'ai écrit là-dessus un livre que je te ferai lire.

MAXIMILIEN.

Non.

GIBOYER.

Non ?

MAXIMILIEN.

A quoi bon ? S'il ne me convainc pas, c'est du temps perdu.

GIBOYER.

Mais s'il doit te convaincre ?

MAXIMILIEN.

Qui te dit que je veuille être convaincu ?

GIBOYER.

Il y a une autre femme ici que madame Maréchal !

MAXIMILIEN.

Tu es fou ! Il n'y a ici qu'une héritière.

GIBOYER.

Ah ! tout s'explique !

MAXIMILIEN, indigné.

Si j'étais tenté de l'aimer, je me mépriserais, car je ne veux rien vendre de moi, ni mon cœur, ni ma plume.

GIBOYER.

Ni ta plume ?... Ingrat ! quand c'est pour toi seul !

MAXIMILIEN.

Pour moi? De quel droit me rends-tu des services déshonorés ? Qui t'a dit que je ne préférais pas la misère? Est-ce là ce que tu appelles ton héritage? Tu peux le garder, je n'y toucherai pas ! (Giboyer tombe dans un fauteuil, le visage dans ses mains.) Pardon, mon vieil ami, tu n'as pas su ce que tu faisais.

GIBOYER.

J'ai su que je me dévouais à toi, qu'il fallait sauver ta jeunesse des épreuves où la mienne avait succombé, et j'ai léché la boue sur ton chemin ; mais ce n'était pas à toi de me le reprocher. Va ! ma plume n'est pas la première chose que je vends pour toi... j'avais déjà vendu ma liberté !

MAXIMILIEN.

Ta liberté ?

GIBOYER.

Pendant deux ans, pour payer ta pension au collége, j'ai fait les mois de prison d'un journal à tant par an... mais qu'importe ! Je suis un chenapan, et tu ne veux rien de moi. Ah ! Dieu me frappe trop rudement ! Je ne suis pourtant pas un méchant homme. Il y a de tristes destinées. Ce sont des devoirs trop lourds qui m'ont perdu. J'ai commencé pour mon père... j'ai fini...

MAXIMILIEN, fléchissant le genou.

Pour ton fils ! (Giboyer l'attire violemment dans ses bras. — La toile tombe.)

FIN DU TROISIÈME ACTE.

ACTE QUATRIÈME.

Un salon chez la Baronne. Deux portes ouvertes au fond, donnant sur un second salon où l'on voit quelques personnes âgées jouant au whist ou causant; une porte latérale, ouverte aussi, donnant sur un salon d'attente, par où on arrive du dehors. Une table à thé, au fond; un canapé à droite, oblique; un fauteuil et une chaise à gauche; un canapé au mur; un fauteuil auprès de la table, à gauche, au fond.

SCÈNE PREMIÈRE.

LA BARONNE, FERNANDE, sortant du grand salon.

LA BARONNE.

Vous le voyez, Mademoiselle, je ne mentais pas en disant que mon salon n'est pas gai.

FERNANDE.

Il est très-intéressant, Madame; vous avez une réunion de célébrités de tous les régimes.

LA BARONNE.

Réunion... dites union! Mais ces célébrités ne composent pas un bouquet de la première fraîcheur, je l'avoue. Aussi suis-je résolue à le raviver par l'introduction de quelques jeunes femmes bien pensantes, et j'en attends ce soir même deux ou trois aussi courageuses que vous.

FERNANDE.

· Courage facile, Madame.

UN DOMESTIQUE, annonçant.

M. le vicomte de Vrillière. (Le Vicomte va saluer la Baronne, qui lui donne la main.)

LA BARONNE.

Votre mère va mieux, puisque vous voilà ?

LE VICOMTE.

Tout à fait rétablie, grâce au ciel !

LA BARONNE.

Allez donc bien vite rassurer cette bonne madame de la Vieuxtour. Il n'y a pas un instant qu'elle me demandait des nouvelles.

LE VICOMTE.

Excellente femme ! (Il salue et entre dans le salon du fond.)

LA BARONNE.

Ce quadragénaire est le baby de notre cénacle... le besoin de quelques jeunes gens se fait aussi sentir ; mais c'est bien délicat : je ne veux pas l'ombre de la coquetterie chez moi. Je crains bien d'en être réduite à de petits messieurs sans conséquence, comme le secrétaire de votre père, par exemple.

FERNANDE.

Vous n'avez pas eu la main heureuse pour votre coup d'essai. M. Gérard n'est rien moins qu'un petit monsieur sans conséquence ; c'est, au contraire, un homme du premier mérite, à ce qu'on dit du moins.

LA BARONNE.

Je ne conteste pas ; j'entendais sans conséquence auprès des femmes. Une femme d'un certain monde ne peut pas faire attention à un homme de rien, n'est-il pas vrai ?

FERNANDE.

Vous allez me trouver bien plébéienne, Madame, de croire qu'un homme d'honneur n'est pas un homme de rien.

LA BARONNE, à part.

Est-ce assez clair? (Haut.) Par un homme de rien, j'entends un homme sans naissance. Au surplus, M. Gérard est charmant; il a une distinction naturelle bien rare, même chez nous. S'il entrait dans un salon en même temps que tel gentilhomme, à les entendre annoncer tous les deux, c'est assurément à lui qu'on appliquerait le grand nom. Il n'est évidemment pas fait pour être secrétaire.

FERNANDE.

Aussi ne l'est-il plus.

LA BARONNE.

Ah! depuis quand?

FERNANDE.

Depuis hier.

LE DOMESTIQUE, annonçant.

M. le chevalier de Germoise. (Le Chevalier va saluer la Baronne, qui lui tend la main.)

LA BARONNE.

Vous arrivez des derniers.

LE CHEVALIER.

Heureux que vous le remarquiez, Madame!

LA BARONNE.

M. d'Auberive commençait à s'impatienter.

LE CHEVALIER.

Son boston n'aime pas à attendre. Je vais m'offrir à ses coups... (Il salue et entre dans le salon.)

LA BARONNE.

Et pourquoi n'est-il plus secrétaire?

FERNANDE.

Pour la raison que vous disiez: il n'est pas fait pour l'être.

LA BARONNE, à part.

Elle baisse les yeux. (Haut.) Je ne sais pourquoi je m'intéresse à lui. A-t-il une autre position ?

FERNANDE.

Non, Madame, pas que je sache ; et vous seriez bien
bonne, puisqu'il vous intéresse, de vous employer en sa
faveur. Vous êtes toute-puissante.

LA BARONNE.

C'est beaucoup dire ; mais j'aurai du malheur si je ne
réussis pas à vous être agréable.

FERNANDE.

Ah ! je vous en serai bien reconnaissante, Madame.

LE DOMESTIQUE, annonçant.

M. Couturier de la Haute-Sarthe.

LA BARONNE.

Pardon ! voici un grand personnage à qui j'ai deux mots
à dire... (Reconduisant Fernande.) Et puis, si je vous confisque
ainsi à mon profit, je me brouillerai avec M. d'Outreville.

FERNANDE.

Croyez-vous ?

LA BARONNE, arrivée au fond.

Je m'occuperai de ce pauvre jeune homme.

FERNANDE.

Merci ! (Elles se serrent la main. Fernande rentre dans le salon.)

LA BARONNE, à part.

Et d'une ! — Maintenant coupons court à la gloire de
M. Maréchal.

SCÈNE II.

M. COUTURIER, LA BARONNE.

LA BARONNE, à M. Couturier.

Comment se porte votre seigneurie?

M. COUTURIER.

Et votre grâce?

LA BARONNE.

Un peu abasourdie.

M. COUTURIER.

Et de quoi? (Ils s'asseyent à gauche sur un fauteuil et une chaise.)

LA BARONNE.

De la chose la plus étrange, la plus merveilleuse, la plus surprenante, la plus... Voir madame de Sévigné pour le reste de la litanie. Je vous la donne en dix, je vous la donne en cent.

M. COUTURIER.

Donnez-la-moi en un.

LA BARONNE.

J'ai eu cette après-midi la visite de ce pauvre M. d'Aigremont.

M. COUTURIER.

Pourquoi ce pauvre? Est-ce qu'il est malade?

LA BARONNE.

Pis que cela! vous allez voir! L'entretien est venu naturellement sur la politique, sur notre plan de campagne, sur Maréchal, sur le discours.

M. COUTURIER.

Eh bien?

LA BARONNE.

Ne regrette-t-il pas qu'on ne l'en ait pas chargé lui-même!

M. COUTURIER.

Lui? un protestant! Il est fou.

LA BARONNE.

Il l'est, je me le suis dit tout de suite. C'est d'autant plus inquiétant qu'il raisonne sa folie.

M. COUTURIER.

Comment cela?

LA BARONNE.

Il dit que les dissidences religieuses, comme les dissidences politiques, doivent s'effacer devant l'ennemi commun, que toutes les églises doivent se donner la main pour combattre la révolution, qu'un protestant plaidant notre cause aurait plus de poids, que ce serait un grand exemple, que... Je ne sais plus, moi! des extravagances!

M. COUTURIER.

Permettez!... tout cela n'est pas si extravagant, Madame; c'est, au contraire, d'une profondeur, d'une portée de vues, qui m'étonne chez d'Aigremont.

LA BARONNE, naïvement.

Vrai?

M. COUTURIER.

Cette idée-là n'est pas de lui, il faut qu'on la lui ait suggérée. Je m'étonne qu'un esprit aussi élevé que le vôtre n'en ait pas été frappé comme moi!

LA BARONNE.

Je ne suis qu'une femme et je m'humilie devant votre haute raison.

M. COUTURIER.

Notre discours prononcé par un protestant, ce serait déjà un premier triomphe!

LA BARONNE.

Ah ! mon Dieu !

M. COUTURIER.

Pourquoi cette exclamation ?

LA BARONNE.

J'espère que vous n'allez pas le retirer à mon pauvre
Maréchal ?

M. COUTURIER.

Non, sans doute ; mais il se prononcera plus d'un discours sur la question.

LA BARONNE, vivement.

Donnez les autres à qui vous voudrez ; c'est le premier
qui porte coup. L'attache du grelot est l'opération capitale.

M. COUTURIER.

C'est vrai.

LA BARONNE.

N'est-ce pas ?

M. COUTURIER.

Tellement vrai que toute autre considération pâlit devant
celle-là.

LA BARONNE.

Qu'entendez-vous ?...

M. COUTURIER.

Chère Baronne, au nom de notre cause, je vous supplie
d'abandonner votre protégé.

LA BARONNE.

Hélas ! vous me prenez par où je suis sans défense. Je ne
sais rien refuser au nom que vous invoquez. Mais y a-t-il
vraiment un intérêt assez transcendant pour que nous nous
décidions à affliger cet excellent homme ? C'est horriblement
dur, mon ami.

M. COUTURIER, se levant.

Quelle faute de n'avoir pas songé plutôt à d'Aigremont!
Mais aussi comment supposer qu'il accepterait? Nous voilà
engagés avec Maréchal maintenant.

LA BARONNE, se levant.

C'est notre créature, de plus, et, à ce titre, il a bien
quelques droits sur nous.

M. COUTURIER, finement.

Pardon, le contraire serait plus juste.

LA BARONNE.

J'ai donc fait encore une maladresse!... Pauvre Maréchal!
—Je sais bien ce qu'on pourrait lui dire : on pourrait lui faire
comprendre que ce n'est pas une question de personnes ;
que vous-même, à sa place, vous n'hésiteriez pas à vous
effacer devant l'intérêt général.

M. COUTURIER.

Et là où je n'hésiterais pas, il serait plaisant que M. Maréchal hésitât, vous me l'avouerez.

LA BARONNE.

C'est égal, je ne saurais vous dire combien cette espèce
d'exécution m'est pénible ; mais enfin mon amitié pour Maréchal est obligée de se rendre à vos arguments.

M. COUTURIER.

Je n'attendais pas moins de votre patriotisme.

LA BARONNE.

Tous les membres du comité ne seront pas aussi désinté-
ressés que moi, je vous en avertis. Vous trouverez de la
résistance chez M. d'Auberive.

M. COUTURIER.

Oui, il est fort attaché à Maréchal.

LA BARONNE.

D'autant plus qu'il fait épouser mademoiselle Fernande à un sien cousin que vous verrez ici.

M. COUTURIER.

Vraiment! Ce fils des preux consent à croiser sa race avec nous?

LA BARONNE.

Il conjecture probablement que la petite personne a du sang bleu dans les veines... Mais cela ne nous regarde pas. Vous comprenez quel prix il attache à colorer la mésalliance par une quasi-noblesse de position.

M. COUTURIER.

Merci du renseignement. Je vais de ce pas recueillir toutes les autres adhésions; elles forceront la sienne.

LA BARONNE, regardant à gauche.

Madame Maréchal! Mon Dieu! que tout cela est douloureux!

M. COUTURIER.

Préparez-la doucement; moi, je vais faire mon devoir, comme je l'ai toujours fait, sans hésitation et sans faiblesse.

LA BARONNE.

Ame antique! (M. Couturier sort par une des portes du fond. Madame Maréchal entre par l'autre.)

SCÈNE III.

LA BARONNE, MADAME MARÉCHAL.

LA BARONNE, à part.

Et de deux!... A l'autre maintenant! (Haut.) Vous ne songez pas à la retraite, j'espère?

MADAME MARÉCHAL.

Pardonnez-moi, je suis fatiguée. Il n'a pas fallu moins

que le plaisir de venir chez vous, pour me décider à sortir ce soir. Je ne sais pas ce qu'est devenu M. Maréchal.

LA BARONNE.

Il a été chercher un peu de solitude dans la bibliothèque ; respectons ses méditations. J'ai justement un renseignement confidentiel à vous demander. (L'amenant au canapé.) Vous m'accorderez bien cinq minutes de votre fatigue, ma chère amie ? (Elles s'asseyent.)

MADAME MARÉCHAL.

Vous me la feriez oublier, chère Baronne.

LA BARONNE.

Pourquoi M. Gérard quitte-t-il votre mari ?

MADAME MARÉCHAL.

C'est un jeune homme très-fier à qui toute dépendance est insupportable.

LA BARONNE.

Oui, c'est le motif officiel ; mais je vous demande, moi, le motif vrai. J'ai besoin de savoir à quoi m'en tenir sur le compte de ce jeune homme avant de m'employer pour lui.

MADAME MARÉCHAL.

Protégeons-le, chère Baronne, il en est digne! C'est le cœur le plus délicat, le plus loyal, le plus sûr qu'on puisse imaginer.

LA BARONNE.

Vous me charmez. Je ne sais pas... mais je craignais que ce ne fût un intrigant. J'aime mieux croire à la sincérité de son amour.

MADAME MARÉCHAL, baissant les yeux.

Son amour! Pour qui ?

LA BARONNE.

Mais... pour Fernande.

MADAME MARÉCHAL, vivement.

Pour Fernande! Pauvre garçon! Il est à mille lieues d'y penser.

LA BARONNE.

En vérité? Êtes-vous bien sûre?

MADAME MARÉCHAL, inquiète.

Mais qui vous fait croire?...

LA BARONNE.

Oh! mon Dieu! rien; n'en parlons plus; je me serai trompée.

MADAME MARÉCHAL.

Une femme de votre tact ne se trompe pas sans de fortes apparences. Qu'avez-vous cru remarquer?

LA BARONNE.

Que vous dirai-je? Je m'étais sottement imaginée que le mariage de Fernande n'était pas étranger au départ du jeune homme. Parlait-il de vous quitter avant la demande d'Outreville?

MADAME MARÉCHAL, frappée.

Non... et c'est le jour même qu'il a donné sa démission... Mais, non, il n'a appris le mariage que ce matin.

LA BARONNE.

Vous voyez bien! Et à moins de supposer que Fernande le lui ait annoncé hier, ce qui est impossible...

MADAME MARÉCHAL, très-émue.

Pourquoi impossible?

LA BARONNE.

Dame! il faudrait admettre que ce garçon ne lui est pas indifférent, ce que je ne veux pas croire. — Ce n'est pas l'embarras; elle vient de me le recommander avec une chaleur un peu surprenante de la part d'une personne ordinairement si mesurée.

MADAME MARÉCHAL.

Vraiment?

LA BARONNE.

C'est une petite tête résolue.

MADAME MARÉCHAL.

Je la connais ! Et ce Gérard... M'aurait-on jouée à ce point ?

LA BARONNE.

Ne nous hâtons pas pourtant...

MADAME MARÉCHAL.

Mille détails me reviennent à présent : l'air offensé de ce monsieur, l'attitude suppliante de Fernande.... elle cherchait à être seule avec lui... (Se tournant vers le salon.) Et, tenez, regardez-les causer tous les deux ! Ont-ils assez oublié qu'ils ne sont pas seuls?... Ce niais d'Outreville qui ne s'aperçoit de rien !

LA BARONNE.

Je n'en jurerais pas... il les observe d'un air inquiet, comme s'ils étaient en train de le dérober. — Hum ! tout cela pourrait mal finir : le mariage n'est pas encore fait, prenez garde !

MADAME MARÉCHAL.

Vous me consternez !

LA BARONNE.

Vous n'avez pas de temps à perdre, si vous tenez à l'alliance du Comte. Je ne peux pas croire à la duplicité de Fernande; elle est entraînée à son insu : rappelez-la à elle-même, en lui faisant brusquement mesurer l'abîme qui la sépare de ce garçon.

MADAME MARÉCHAL.

Oui , mais le moyen?

LA BARONNE.

Remettez publiquement le petit bonhomme à sa place.

MADAME MARÉCHAL.

A quelle occasion?

LA BARONNE.

L'occasion? Mais ici, ce soir même on peut la trouver... nous la chercherons. Un amour humilié ne dure pas long-temps.

MADAME MARÉCHAL.

Vous avez raison, merci, chère Baronne! Fernande sera sauvée... (à part.) et moi, vengée! (Haut, apercevant Maximilien qui sort du salon.) Voici ce petit fourbe; rentrons... je ne serais pas maîtresse de moi.

LA BARONNE.

Oui, n'ayons pas l'air de conspirer. (Elles sortent par le fond, à gauche, tandis que Maximilien entre par le fond, à droite.)

SCÈNE IV.

MAXIMILIEN, seul.

Je ne voulais pas venir... pourquoi suis-je venu? Oh! qu'elle est belle! Quelle âme adorable! Je me sens envahi par un amour insensé, et je ne m'appartiens déjà plus assez pour me défendre! — Eh bien! pourquoi lutter contre moi-même? pourquoi me cramponner à ma raison qui m'échappe? Livrons-nous plutôt aux enivrements de l'abîme! Le sort en est jeté! Je l'aime! je l'aime! je l'aime! — Ah! la bonne résolution! que c'est amusant d'être au monde! Je reprends intérêt à toutes choses...

LE DOMESTIQUE, annonce.

M. de Boyergi!

MAXIMILIEN, sur la porte du salon.

Même à voir le successeur de Déodat!

SCÈNE V.

GIBOYER, MAXIMILIEN.

MAXIMILIEN.

Toi !

GIBOYER, à part, avec un geste de colère.

Va te promener !

MAXIMILIEN.

C'est toi qui signes Boyergi ?

GIBOYER, durement.

Comment es-tu là ?

MAXIMILIEN.

Tu veux donc continuer cet horrible métier ? Pauvre père !

GIBOYER.

D'abord, tu m'as promis d'oublier que je suis ton père !

MAXIMILIEN.

Je t'ai promis de ne pas le dire; mais de l'oublier !...
T'ai-je promis d'être un ingrat ?

GIBOYER.

Ah !... Je ne te demande qu'une preuve de reconnaissance, c'est de me laisser achever mon œuvre. Je n'ai pas
besoin de ton respect.

MAXIMILIEN.

Mais j'ai besoin de te respecter, moi ! Quelle lutte impie
veux-tu établir entre ma tendresse et mon honneur ? Lequel
des deux souhaites-tu qui emporte l'autre ?

GIBOYER, assis sur le canapé.

Je ne peux pourtant pas te laisser user par la misère !

MAXIMILIEN.

Penses-tu que j'accepterai encore tes bienfaits, sachant ce

qu'ils te coûtent? Ne m'as-tu pas mis en état de gagner ma
vie et la tienne? Avons-nous tant de besoins, toi et moi?
Nous connaissons la pauvreté; reprenons-en gaîment le chemin, bras dessus bras dessous. Ne sera-ce pas charmant de
vivre tous deux de notre travail dans une mansarde?

GIBOYER.

Charmant pour moi, oui!

MAXIMILIEN.

Et pour moi donc! Je sais qui tu es maintenant. Je suis
fier de toi : j'ai lu ton livre!

GIBOYER.

T'a-t-il convaincu?

MAXIMILIEN.

Certes! (Lui mettant la main sur le front.) et je ne veux plus que
tu avilisses le grand esprit qu'il y a là. — Mon vieil ami,
comme tu dois souffrir à vilipender tes belles idées dans ce
journal d'écrevisses! Quitte-le, je t'en supplie! (Souriant.) Je
te l'ordonne! J'ai bien aussi quelques droits sur toi peut-
être? Tu as assez léché la boue sur mon chemin, comme tu
dis; essuie-toi la bouche pour m'embrasser. (Il l'embrasse sur
la joue.)

GIBOYER.

Brave enfant!

MAXIMILIEN.

Tu m'obéiras?

GIBOYER.

Il le faut bien. N'es-tu pas mon maître?

MAXIMILIEN.

Tout me réussit aujourd'hui. Vive le bon Dieu!

GIBOYER.

Tout! Quoi donc encore?

MAXIMILIEN.

Rien.

GIBOYER.

Tu as des secrets pour ton vieux camarade?

MAXIMILIEN.

Nous écrirons ta démission en rentrant chez toi, et je la porterai demain de bonne heure, pour que messieurs les membres du Comité aient un pied de nez à leur réveil. Quelle joie de leur souffler leur boxeur ! Tu ne te doutes pas de ce qu'on entend ici. C'est une vraie conspiration contre nos idées.

GIBOYER.

Tout simplement. La grande chouannerie des salons, avec ramifications dans les salles à manger et les boudoirs.

MAXIMILIEN.

Tu plaisantes; mais ne t'y fie pas! Ce parti-là s'appelle légion.

GIBOYER.

Légion de colonels sans régiments, état-major sans troupes. Ils prennent pour leur armée les curieux qui les regardent caracoler : ils passent des revues de spectateurs; mais le jour d'une levée sérieuse, ils battraient le rappel dans le désert.

MAXIMILIEN.

A ce compte, ils ne sont pas bien redoutables.

GIBOYER.

Ils le sont beaucoup pour les gouvernements qu'ils sou-tiennent. Ces gaillards-là ne savent verser que les voitures qu'ils conduisent, mais qu'ils les versent bien ! (Deux domes-tiques apportent le thé.)

MAXIMILIEN, regardant vers le salon.

Chut!... on vient!... Le marquis d'Auberive! Avec qui est-il ?

GIBOYER.

Avec l'éminent Couturier de la Haute-Sarthe... un libéral repenti !

MAXIMILIEN.

Ils ont l'air de s'adorer.

GIBOYER.

Je crois bien! Tous frères et amis! — Tiens, je m'étais amusé à lâcher dans mon article de ce matin quelques brocards contre ce même Couturier; le Marquis a biffé le passage, en me disant ce mot simple et profond : pas encore !

MAXIMILIEN.

Eh bien, le Marquis ne te biffera plus rien.

SCÈNE VI.

LES MÊMES, LE MARQUIS, M. COUTURIER, puis successivement LA BARONNE et FERNANDE, LE CHEVALIER DE GERMOISE et UNE DAME, MADAME MARÉCHAL, LE VICOMTE DE VRILLIÈRE et MADAME DE LAVIEUX-TOUR.

LE MARQUIS, à M. Couturier, sur le devant de la scène, à gauche.

Puisque le comité est unanime pour M. d'Aigremont, je n'ai qu'à m'incliner devant sa décision, si pénible qu'elle me soit.

M. COUTURIER.

Il ne l'a prise qu'à son corps défendant, monsieur le Marquis, et devant un intérêt majeur que vous reconnaissez vous-même.

LE MARQUIS.

Je ne dis pas non, mon cher; mais j'aimerais qu'un autre se chargeât de porter le coup à ce pauvre Maréchal.

M. COUTURIER.

Nous pensions qu'il lui serait moins dur de votre main; mais s'il vous en coûtait trop, je m'en chargerais.

LE MARQUIS.

Je vous remercie. (Il s'assied à gauche. — M. Couturier se perd dans
les groupes.)

LE CHEVALIER, à une dame.

Ce petit Gérard est vraiment mieux que le comte d'Outreville; mais est-ce bien sûr que mademoiselle Fernande ait
une préférence pour le secrétaire? La Baronne en a une peur
qui ressemble à une certitude... (Il conduit la dame à un fauteuil.)

MADAME MARÉCHAL, assise sur le canapé, au Comte qui lui apporte du thé.

Bouillant, s'il vous plaît; je l'aime bouillant.

MADAME DE LAVIEUXTOUR, derrière le canapé, au vicomte de Vrillière

Pauvre dame ! elle aime tout ce qui brûle les doigts.

LE VICOMTE DE VRILLIÈRE.

Ma foi! ces ambitions bourgeoises méritent bien d'être un
peu échaudées.

MADAME DE LAVIEUXTOUR.

Après cela, la baronne se trompe peut-être.

LE VICOMTE DE VRILLIÈRE.

Hum ! le jeune homme est charmant.

MADAME DE LAVIEUXTOUR.

Pas autant qu'un titre de comtesse. (Pendant ce dialogue elle
est remontée au milieu de la scène, et s'adressant à toute l'assistance.) Le
père Vernier a été admirable ce matin. — Y étiez-vous,
monsieur de Vrillière?

LE VICOMTE DE VRILLIÈRE.

Je n'ai pas pu entrer.

GIBOYER, à part.

On refusait du monde.

MADAME DE LAVIEUXTOUR.

Vous avez perdu. Il a eu sur la charité des pensées si
touchantes, si nouvelles !

GIBOYER, à part.

A-t-il dit qu'il ne faut pas la faire?

MADAME MARÉCHAL.

J'ai été bien choquée de la toilette de madame Dervieux.
L'avez-vous remarquée?

LA BARONNE.

Non.

MADAME MARÉCHAL.

Figurez-vous qu'elle avait une robe de satin chamois avec
des ornements de velours cerise tout autour, le par-dessus
pareil, garni d'hermine, un chapeau de tulle blanc bouil-
lonné, couvert de petites plumes cerise. — On vient à
l'église pour se recueillir, et non pour se montrer, n'est-il
pas vrai?

LE MARQUIS, de l'autre bout de la scène.

Et je vois avec plaisir, Madame, que vous étiez
recueillie.

MADAME MARÉCHAL.

Sans doute; j'avais une robe carmélite.

MADAME DE LAVIEUXTOUR.

Qui vous seyait à ravir.

LA BARONNE, allant à Giboyer, derrière le canapé.

Vous ne prenez pas de thé, Monsieur?

GIBOYER.

Mille grâces, Madame, je le crains.

LA BARONNE, à l'oreille de madame Maréchal, lui montrant de l'autre côté
Maximilien qui cause debout avec Fernande assise.

C'est le moment. (Elle remonte vers le fond.)

MADAME MARÉCHAL.

Monsieur Gérard!... débarrassez-moi de ma tasse.

LE COMTE, se précipitant pour la prendre sur un signe de la Baronne.

Madame... (Maximilien, qui s'est avancé sur l'interpellation de madame
Maréchal, s'arrête en voyant le mouvement du Comte.)

MADAME MARÉCHAL.

Laissez, monsieur le Comte... ce jeune homme est là.

FERNANDE, à part.

C'est trop fort. (Elle se lève et va vivement à la table du fond. Gérard fait un pas en arrière.)

GIBOYER, à part.

On le sonne !

MADAME MARÉCHAL, tendant toujours sa tasse.

Monsieur Gérard?

FERNANDE, de la table.

Monsieur Gérard! voulez-vous me permettre de vous servir?

MAXIMILIEN.

Mademoiselle, j'ai déjà refusé.

FERNANDE, allant à lui avec une tasse de thé.

Vous ne refuserez pas de ma main. (Maximilien s'incline et prend la tasse. — Étonnement général. Grand silence.)

GIBOYER, à part.

Voilà son secret! — Ça jette un froid. (A madame Maréchal.) Comme cette tasse vous embarrasse! A défaut du neveu, souffrez, Madame, que l'oncle soit votre valet. (Il prend la tasse des mains de madame Maréchal stupéfaite et la rapporte à la table.)

LA BARONNE, à madame Maréchal.

Pauvre amie! qui pouvait prévoir?...

MADAME MARÉCHAL.

Et son père qui n'est pas là! (Elles rentrent dans le salon; les invités les suivent peu à peu.)

SCÈNE VII.

LE MARQUIS, LE COMTE D'OUTREVILLE.

LE COMTE.

Eh bien! mon cousin, qu'en dites-vous?

LE MARQUIS.

Je dis que Fernande a délicatement réparé une imperti-
nence de sa belle-mère, voilà tout.

LE COMTE.

Voilà tout? mais elle aime ce jeune homme, Monsieur,
elle l'aime !

LE MARQUIS.

Vous êtes fou.

LE COMTE.

C'est possible ; mais je vous déclare que je renonce à ce
mariage-là.

LE MARQUIS.

Vous renoncez?...

LE COMTE.

Bourgeoise et compromise, c'est trop !

LE MARQUIS.

Très-compromise, en effet, si vous rompez ; car cette
rupture donnerait une signification grave à un incident insi-
gnifiant par lui-même.

LE COMTE.

J'en suis bien fâché ; mais...

LE MARQUIS.

Considérez, Monsieur, que Fernande est ma pupille, pour
ainsi dire ma fille ; que c'est moi qui ai arrangé ce mariage,
et qu'ainsi je suis en quelque sorte responsable des suites.

LE COMTE.

Pas tant que moi, mon cousin ; par conséquent vous trouverez bon que je sois juge de la question.

LE MARQUIS.

Ainsi, vous refusez d'épouser ?

LE COMTE.

Oui !

LE MARQUIS.

C'est bien, Monsieur ! vous m'en rendrez raison.

LE COMTE.

Me battre... avec mon second père !

LE MARQUIS.

Je vous déshérite pour vous mettre à votre aise.

LE COMTE.

Mais vos cheveux blancs, Monsieur...

LE MARQUIS.

Ne vous occupez pas de ça : je suis de première force à l'épée.

LE COMTE.

Pourtant, si elle aime ce jeune homme?

LE MARQUIS.

Quand elle l'aimerait, ce que je nie, c'est un vaillant cœur chez qui rien ne prévaudra sur la foi jurée. Allons nous asseoir à ses côtés pour la protéger par notre présence contre les charitables insinuations de toutes ces dévotes. Soyez chevalier français une fois dans votre vie.

MARÉCHAL, entrant.

Ah! Marquis!

LE MARQUIS, au Comte.

Allez sans moi, Monsieur ; je vous rejoins. (Le Comte sort.)

SCÈNE VIII.

MARÉCHAL, LE MARQUIS.

MARÉCHAL.

Que vous disait le Comte? Est-ce que l'étourderie de ma fille?... Car ce n'est qu'une étourderie...

LE MARQUIS.

Nous en sommes convaincus, le Comte et moi.

MARÉCHAL.

Ah! je respire !... Ma femme m'avait mis la mort dans l'âme. Ainsi le mariage tient toujours?

LE MARQUIS.

Plus que jamais ; car il est devenu indispensable à Fernande. Vous comprenez qu'une rupture, après cette sotte échauffourée, la compromettrait sans ressource !

MARÉCHAL.

C'est vrai !

LE MARQUIS.

Par conséquent, s'il survenait un événement qui rendît votre position plus difficile envers votre gendre, ce ne serait pas une raison pour revenir à vos répugnances contre une alliance aristocratique.

MARÉCHAL.

Sans doute : mais quel événement?...

LE MARQUIS.

Si, pour une cause ou une autre, vous perdiez momentanément la supériorité morale que vous donne votre rôle politique...

MARÉCHAL.

Mais comment pourrais-je la perdre !

LE MARQUIS.

Monsieur... de la Haute-Sarthe a quelque chose à vous dire.

MARÉCHAL.

Quoi? vous me faites trembler.

LE MARQUIS.

Il vous le dira.

MARÉCHAL.

Au nom du ciel, Marquis, expliquez-vous. J'ai du courage.

LE MARQUIS.

Eh bien ! le comité a décidé... malgré moi, mon pauvre ami !... mais j'étais seul de mon bord.

MARÉCHAL.

Qu'a-t-il décidé?

LE MARQUIS.

Qu'on vous retirait le discours.

MARÉCHAL.

Mais c'est une infamie ! mais je le sais par cœur.

LE MARQUIS.

Hélas ! il faut l'oublier !

MARÉCHAL.

Jamais ! En quoi ai-je mérité cet affront?   .

LE MARQUIS.

On est désolé de vous le faire, on vous en demande pardon; mais l'intérêt de la cause passe avant tout. On a trouvé un protestant de bonne volonté.

MARÉCHAL.

Un protestant? mais c'est absurde ! Mon discours n'aura plus le sens commun.

LE MARQUIS, voyant entrer Giboyer.

Tenez, mon cher, voici l'auteur de votre discours.

MARÉCHAL.

M. de Boyergi?

LE MARQUIS.

Demandez-lui ce qu'il en pense. Moi, je vais chaperonner votre fille. (Il sort.)

SCÈNE IX.

GIBOYER, MARÉCHAL.

MARÉCHAL.

Qu'en pensez-vous, monsieur de Boyergi?

GIBOYER.

De quoi, Monsieur?

MARÉCHAL.

Du choix qu'on fait d'un protestant pour débiter mon... votre... le discours ?

GIBOYER.

Ces messieurs le regardent comme un hommage éclatant
rendu à la vérité; moi, je pense qu'il fournira un bel exorde
à la réponse. (D'un ton oratoire.) Eh quoi! Messieurs, c'est un
protestant que vous venez d'entendre? Mais s'il est sin-
cère, la première chose qu'il ait à faire en sortant d'ici,
c'est d'abjurer!

MARÉCHAL.

C'est vrai! Je vous demande un peu qu'est-ce que c'est
qu'un protestant qui ne proteste pas?

GIBOYER.

Ce que c'est, Messieurs? C'est le plus grave symptôme
d'indifférence religieuse qu'ait encore donné notre époque!
Vous êtes plus avant que nous-mêmes dans la religion philosophique. Le choix de votre orateur est un aveu : le
moyen âge est mort, et c'est vous qui posez la dernière
pierre de son tombeau. Que parlez-vous de le ressusciter?

MARÉCHAL.

Bravo! bravo! je donnerais cent mille francs de ma poche
pour qu'on jetât cela au nez de l'intrigant qui m'a sup-
planté.

GIBOYER.

Le fait est que ces messieurs se sont cruellement joués de
vous !

MARÉCHAL.

C'est une indignité!

GIBOYER.

Une mystification. Ils vous traitent comme un Cassandre.

MARÉCHAL.

Je leur ferai voir si j'en suis un.

GIBOYER.

Ils vous couvrent d'un ridicule à n'oser plus vous montrer.

MARÉCHAL.

Ils ne le porteront pas en paradis.

GIBOYER.

Malheureusement, vous ne pouvez rien contre eux.

MARÉCHAL.

On ne sait pas!

GIBOYER, à demi-voix.

Il y aurait bien une belle vengeance à tirer.

MARÉCHAL.

Laquelle?

GIBOYER.

Ce serait de répondre.

MARÉCHAL.

Moi?

GIBOYER.

De les foudroyer.

MARÉCHAL.

Ah! si je le pouvais!

GIBOYER.

Il ne vous manque qu'un foudre... on peut vous le pro-
curer.

MARÉCHAL.

Qui? vous?

GIBOYER.

Non, je ne suis pas de force. Je ne connais qu'un homme
capable de rétorquer mon discours; c'est mon neveu.

MARÉCHAL.

Le petit Gérard?

GIBOYER.

Lui-même.

MARÉCHAL.

Mais il le trouvait sans réplique?

GIBOYER.

Il a réfléchi depuis et il me l'a démoli à moi pièce par
pièce. Vous le dirai-je ? Il a si bien retourné mes idées que
j'abandonne le parti et vais donner demain ma démission
de rédacteur en chef.

MARÉCHAL.

Bah ! Maximilien vous a converti à ce point ? Mais alors
il me ferait un discours...

GIBOYER, faisant claquer un baiser sur ses doigts.

Oh !

MARÉCHAL.

Il lui suffirait d'une nuit pour cela?

GIBOYER.

Facilement.

MARÉCHAL.

Et je pourrais lire demain ?

GIBOYER.

Quelle surprise pour ces messieurs !

MARÉCHAL.

Votre neveu est-il discret?

GIBOYER.

Comme moi-même.

MARÉCHAL.

Qu'il ne parle de rien ! Ni à ma femme, ni à ma fille, ni
à personne ! et qu'il m'apporte son manuscrit demain
matin.

GIBOYER.

C'est convenu.

MARÉCHAL.

Quelle revanche ! (Il rentre dans le salon par la porte de droite.)

GIBOYER.

Voilà une recrue dont la démocratie ne sera pas fière...

Mais, bah ! il faut avant tout tâcher d'assurer le bonheur de
Maximilien.

SCÈNE X.

GIBOYER, MAXIMILIEN.

MAXIMILIEN, sortant du salon par la porte de gauche.

Viens-tu ?

GIBOYER.

Tu as l'air d'un homme ivre.

MAXIMILIEN.

Je le suis.

GIBOYER.

Pour te dégriser, tu vas passer la nuit à écrire la réfuta-
tion du discours de Maréchal. Je te fournirai l'exorde.

MAXIMILIEN.

A quel propos ?

GIBOYER.

J'ai un député à qui il ne manque que la parole.

MAXIMILIEN.

Ce n'est pas moi qui la lui donnerai. Je me soucie bien de
la politique à présent !

GIBOYER.

Quoi ! tu ne détestes pas ces opinions devant lesquelles
le mérite et l'honneur sont une dot insuffisante ?

MAXIMILIEN.

C'est vrai.

GIBOYER.

Ces opinions qui te séparent de Fernande ?

MAXIMILIEN.

Je les exècre !

GIBOYER.

Tu ne te sens pas monter la rage au cœur devant ce stupide obstacle?

MAXIMILIEN.

Oui!

GIBOYER.

Tu n'éprouves pas le besoin de te ruer dessus et de le mordre?

MAXIMILIEN.

Tu as raison! dussé-je m'y briser les dents, je les imprimerai dans la pierre! Jetons au destin la protestation du désespoir, la poignée de poussière du vaincu! Allons!

GIBOYER.

Va prendre ton paletot. (A part.) Moi, je n'en porte jamais... c'est trop chaud! (Ils sortent.)

FIN DU QUATRIÈME ACTE.

ACTE CINQUIÈME.

Décor du deuxième acte.

SCÈNE PREMIÈRE.

MADAME MARÉCHAL, assise au milieu de la scène et brodant,
FERNANDE, allant et venant en silence.

MADAME MARÉCHAL.

Vous êtes bien agitée, Mademoiselle.

FERNANDE.

Et vous bien calme, Madame.

MADAME MARÉCHAL.

Je n'ai pas de raison de ne pas l'être.

FERNANDE.

Quand peut-être en ce moment mon père est à la tribune !

MADAME MARÉCHAL.

Ah ! c'est là ce qui vous occupe ?

FERNANDE.

Et quoi donc, Madame ? J'admire votre tranquillité.

MADAME MARÉCHAL.

Le discours de votre père est magnifique, et je suis sûre
que ce sera un triomphe.

FERNANDE.

Ah ! je n'en demande pas tant.

MADAME MARÉCHAL.

Je le crois ; il arbore un drapeau qui n'est pas le vôtre.

FERNANDE.

Je n'ai pas de drapeau, Madame ; je ne me mêle pas de politique.

MADAME MARÉCHAL.

Vous m'étonnez : je vous aurais crue républicaine au fond du cœur.

FERNANDE.

Pourquoi ?

MADAME MARÉCHAL.

C'est une opinion qui rapproche les distances.

FERNANDE.

Je ne vous comprends pas.

MADAME MARÉCHAL.

Vous faites encore l'ingénue après l'éclat d'hier ?

FERNANDE.

L'éclat ?... Il n'y a que vous, Madame, pour interpréter à mal une action si simple. Je suis sûre que tous les gens de cœur m'ont approuvée, à commencer par M. d'Outreville, qui est le plus intéressé dans la question.

MADAME MARÉCHAL.

Si vous croyez l'avoir enchanté par votre petite manifestation !... J'en suis encore à comprendre comment il n'a pas repris sa parole.

FERNANDE.

Si je le soupçonnais d'y avoir songé un instant, c'est moi qui reprendrais la mienne.

MADAME MARÉCHAL.

Vous êtes sévère !

FERNANDE.

Je n'admets pas qu'il doute de ma probité.

UN DOMESTIQUE.

Madame reçoit-elle ?

MADAME MARÉCHAL.

Qui ?

LE DOMESTIQUE.

Madame la baronne Pfeffers !

FERNANDE, à part.

Encore ?

MADAME MARÉCHAL.

Qu'elle entre.

SCÈNE II.

LES MÊMES, LA BARONNE.

MADAME MARÉCHAL, montrant un siége à la baronne.

Savez-vous, chère Baronne, que vous nous gâtez ?

LA BARONNE, debout.

Hélas! Madame, je viens aujourd'hui bien à contre-cœur,
chargée d'une mission qui ne vous surprendra certainement
pas, mais dont le pénible devoir appartenait plutôt à
M. d'Auberive qu'à moi. M. d'Outreville en a jugé autrement, et malgré ma répugnance à me mêler de choses aussi
délicates, il a fallu me rendre à ses instances.

MADAME MARÉCHAL.

Il reprend sa parole ? (A Fernande.) Là! que vous disais-je?
Voilà le fruit de vos excentricités! Après la scène d'hier,
cette rupture est un désastre pour vous!

LA BARONNE.

N'exagérons pas, Madame : la situation de mademoiselle
Fernande reste intacte. M. d'Outreville, en vrai gentilhomme,
a reculé devant une rupture tant qu'elle pouvait donner lieu
à des interprétations fâcheuses pour sa fiancée; mais le discours de M. Maréchal a levé tous ses scrupules.

FERNANDE.

Mon père a parlé?

LA BARONNE.

Oui, Mademoiselle... C'est en sortant de la Chambre que

M. d'Outreville est accouru chez moi, indigné de cette volte-
face inqualifiable.

FERNANDE.

Volte-face !

LA BARONNE.

Comment voulez-vous appeler cela? J'admets que M. Maréchal se soit trouvé froissé, qu'il ait refusé de comprendre
les raisons de haute convenance qui ont déterminé le comité
à faire choix d'un autre orateur...

MADAME MARÉCHAL.

Un autre orateur ! Que voulez-vous dire ?

LA BARONNE.

Ne savez-vous pas qu'on lui a retiré le discours pour le
donner à M. d'Aigremont?

MADAME MARÉCHAL.

Mais nous sommes bafoués, Madame!

FERNANDE.

Vous disiez cependant que mon père a parlé.

LA BARONNE.

Hélas ! oui. Il s'est levé après M. d'Aigremont, à la
grande surprise de nos amis, et, à leur plus grande indigna-
tion, il a lu une réponse furibonde aux nobles paroles qu'on
venait d'entendre.

MADAME MARÉCHAL.

Quelle horreur! Nous voilà au ban de l'opinion !

LA BARONNE.

Je le crains, Madame. M. d'Outreville a quitté la séance;
il est venu chez moi : vous savez le reste.

FERNANDE.

Dites-lui, Madame, qu'il n'avait pas besoin de redemander
sa parole : mon père la lui a rendue.

LA BARONNE.

Cette réponse est digne de vous, Mademoiselle. Adieu,
Madame. Je prends part, croyez-le bien, à la douleur que
vous cause la conduite de M. Maréchal. (A part.) Dans un
mois, je porterai d'azur à trois besants d'or. (Entre Maréchal.)

FERNANDE, lui sautant au cou.

Mon père! (Maréchal salue gracieusement la Baronne, qui sort sans le
regarder.)

SCÈNE III.

MADAME MARÉCHAL, MARÉCHAL, FERNANDE.

MARÉCHAL, à Fernande.

D'où vient à la Baronne cet air de princesse offensée?

MADAME MARÉCHAL.

Vous le demandez?...

MARÉCHAL.

Ah! vous savez déjà! Eh bien! tant mieux!

MADAME MARÉCHAL.

Apostat! (Fernande se met à sa tapisserie.)

MARÉCHAL.

Tout beau! madame Maréchal; s'il y a eu apostasie de ma
part, c'est le jour où j'ai abandonné les principes de mes
pères, et non le jour où j'y reviens. Je suis un roturier, moi,
un pur roturier, si vous ne le savez pas!

MADAME MARÉCHAL.

Ah! si j'avais jamais pu en douter...

MARÉCHAL.

Mon nom n'est pas même un nom, c'est un sobriquet; j'ai
eu parmi mes aïeux un maréchal, pas un maréchal de France,
entendez-vous? un maréchal ferrant. Libre à vous d'en
rougir; moi, j'en suis fier.

MADAME MARÉCHAL.

Juste ciel! A quoi me suis-je exposée en me mésalliant!

MARÉCHAL.

Laissez-moi donc tranquille avec votre mésalliance! Vous êtes de la Vertpillière comme je suis de Saint-Cloud.

MADAME MARÉCHAL.

Monsieur!

MARÉCHAL.

Votre nom est Robillard; votre arrière-grand-père était procureur.

MADAME MARÉCHAL.

Monsieur! Monsieur! respectez au moins ma famille.

MARÉCHAL.

Eh! Madame, elle n'est pas respectable... Je ne vous en estime que plus d'ailleurs; je n'ai pas de préjugés, moi. Je méprise la noblesse; la seule distinction que j'admette entre les hommes, c'est la fortune.

MADAME MARÉCHAL.

Si vous méprisez la noblesse, elle vous le rend bien. M. le comte d'Outreville nous a déjà signifié par la baronne qu'il n'épousait pas la fille d'un démagogue.

MARÉCHAL.

Vraiment? Il ne me fait plus l'honneur d'empocher mes écus, ce gentillâtre râpé? M. le comte d'Argencourt me casse aux gages? Il me destitue de son alliance? Comme ça se trouve! J'allais lui donner ma démission.

MADAME MARÉCHAL.

Ah! Monsieur, votre langage s'abaisse avec vos senti-ments; vous devenez commun.

MARÉCHAL.

Je parle à la bonne franquette, comme il sied à un homme libre. Loin de moi l'afféterie des cours. (Fredonnant.)

Je suis du peuple ainsi que mes amours...

Soit dit sans vous offenser, mademoiselle Robillard.

MADAME MARÉCHAL.

Vous êtes un révolutionnaire, un cannibale, voilà ce que vous êtes!

MARÉCHAL.

Tenez, vous me faites sourire! C'est tout l'effet que doivent produire sur la véritable force les emportements de la faiblesse.

MADAME MARÉCHAL.

Je vous cède la place, Monsieur.

MARÉCHAL.

Rentrez dans le gynécée; et tenez-vous-y dorénavant. (Elle sort indignée.)

SCÈNE IV.

MARÉCHAL, FERNANDE.

MARÉCHAL, allant s'asseoir auprès du métier de Fernande.

Tu ne me dis rien, fillette? Est-ce que tu regrettes le d'Outreville? Est-ce que tu l'aimais?

FERNANDE.

Non, mon père; c'était un mariage de convenance.

MARÉCHAL.

Il n'est pas beau, ce monsieur. Je ne sais pas comment j'ai pu songer à donner une belle fille comme toi à ce noble efflanqué. Sois tranquille, les partis ne te manqueront pas avec ta fortune et... la gloire de ton père.

FERNANDE.

Tu as donc eu un grand succès?

MARÉCHAL, modeste.

Énorme, mon enfant! Tel qu'on n'en a pas vu depuis

dix ans. Ah ! ces messieurs du comité doivent se mordre les doigts de m'avoir retiré leur discours ! Je l'ai pulvérisé ! Tu liras le *Moniteur* demain matin. — Tu n'es pas légitimiste, toi, j'espère ?

FERNANDE.

Je ne suis rien ; mais je m'étonnais que tu le fusses, car tu n'avais aucune raison de l'être.

MARÉCHAL, se levant.

Je ne l'étais pas au fond... Je m'étais sottement laissé endoctriner par ta belle-mère et ce diable de marquis : j'avais cru à une alliance possible entre l'ancienne aristocratie et la nouvelle ; mais le bandeau est tombé de mes yeux.

FERNANDE, lui prenant le bras tendrement.

Quoi qu'il en soit, je suis bien heureuse de ton succès, et bien heureuse surtout que ce soit fini.

MARÉCHAL.

Fini ? ce n'est que le commencement ! Tous les orateurs de l'autre parti se sont inscrits pour demain. Ils vont me livrer un rude assaut ; mais ils ne savent pas à qui ils ont affaire ! Ce sera mon tour après-demain ; mes amis comptent sur moi ; je ne leur ferai pas défaut.

LE DOMESTIQUE, annonçant.

M. de Boyergi !

MARÉCHAL.

Faites entrer. — Laisse-nous, Fernande. Nous avons à causer. (Il l'embrasse au front ; elle sort.)

SCÈNE V.

GIBOYER, MARÉCHAL.

MARÉCHAL.

Eh bien ! mon cher Boyergi, vous venez chercher mes remercîments ?

GIBOYER.

Je vous apporte mes félicitations.

MARÉCHAL.

Je les accepte, parbleu! Mais il en revient une bonne part
à votre neveu, entendez-vous? Il a admirablement rendu
mes idées, beaucoup mieux que je ne l'aurais fait moi-
même, je ne me le dissimule pas.

GIBOYER.

Vous êtes trop modeste.

MARÉCHAL.

Non, mon cher, je ne suis que juste. Ce jeune homme ira
loin, c'est moi qui vous le dis, et vous pouvez m'en croire;
je m'y connais. Je veux me l'attacher et me charger de sa
fortune.

GIBOYER.

Je vous remercie beaucoup, mais j'ai d'autres desseins
sur lui; je l'emmène en Amérique.

MARÉCHAL.

Vous l'emmenez!

GIBOYER.

Oui; j'ai accepté la direction d'un grand journal à Phila-
delphie, et j'ai besoin du concours de Maximilien.

MARÉCHAL.

Mais, sapristi! moi aussi, j'en ai besoin; j'en ai plus besoin que vous! J'ai une grande position à soutenir, une
grande cause à défendre.

GIBOYER.

Vous êtes bien de taille à suffire à la tâche.

MARÉCHAL.

Je n'en sais rien! Ce jeune homme m'est très-utile; je ne
m'en défends pas.

GIBOYER.

Utile, soit; mais indispensable, non.

MARÉCHAL.

Pardonnez-moi! Je suis habitué à sa manière de travailler;
il est habitué à la mienne; il me complète, c'est mon bras
droit, c'est lui qui tient ma plume. Je suis content de son
style et n'en veux pas changer. — Et puis, je l'aime, ce garçon! Je veux le former sous mes yeux, à mon école. Où
trouvera-t-il un apprentissage pareil à celui qu'il ferait
chez moi?

GIBOYER.

La question n'est pas là.

MARÉCHAL.

Où est-elle? S'agit-il d'appointements? Vous les fixerez
vous-même. Que gagnerait-il en Amérique? Je lui donne le
double.

GIBOYER.

Mon Dieu! Monsieur...

MARÉCHAL.

Il veut son indépendance? Il l'aura! Personne ne saura
qu'il m'appartient... j'aime autant ça! Voyons, si vous lui
portez le moindre intérêt, vous devez accepter mes offres.
Elles sont belles!

GIBOYER.

Si belles que je ne puis excuser mon refus qu'en vous disant toute la vérité. J'emmène Maximilien avec moi surtout
pour le dépayser, pour l'arracher à un amour sans issue.

MARÉCHAL.

Il est amoureux? Parbleu, le beau malheur! Nous l'avons
tous été, et nous voilà!

GIBOYER.

Ce n'est pas une amourette, Monsieur; c'est une passion.

MARÉCHAL.

Quoi? Une jeune fille qu'il ne peut pas épouser?

GIBOYER.

Précisément.

MARÉCHAL.

Que le diable emporte les jeunes gens! (A part.) Et ma réponse... après-demain. (Haut.) — Quand partez-vous?

GIBOYER.

Demain soir.

MARÉCHAL.

Donnez-moi au moins huit jours.

GIBOYER.

Pas un seul, Monsieur; je suis attendu.

MARÉCHAL.

Sapristi! N'y aurait-il pas moyen d'arranger ce maudit mariage?

GIBOYER.

C'est tellement impossible que nous ne le désirons même pas.

MARÉCHAL.

La famille a donc des prétentions par-dessus les maisons? Car enfin votre neveu est charmant de sa personne; il a un avenir magnifique, un présent très-acceptable, puisque je lui donne... Oui, j'irai jusqu'à vingt mille francs. Que diable! c'est une position superbe! Qu'est-ce donc qu'il leur faut à ces imbéciles-là?

GIBOYER.

Si je vous disais le nom de la jeune personne, vous n'insisteriez pas.

MARÉCHAL.

C'est donc une Montmorency?

GIBOYER.

Mieux que cela, Monsieur! Pour en finir d'un mot, c'est mademoiselle Fernande.

MARÉCHAL, très-pincé.

Ma fille?... Mon secrétaire se permet de lever les yeux sur ma fille?

GIBOYER.

Non, Monsieur, puisqu'il part pour l'Amérique.

MARÉCHAL.

Bon voyage! Elle n'est pas pour ses beaux yeux, mon cher Monsieur.

GIBOYER, s'inclinant comme pour prendre congé.

Je le sais. Puisse-t-elle être heureuse avec M. le comte d'Outreville!

MARÉCHAL.

D'Outreville! Ah! bien, oui!...(Ramenant Giboyer en scène.) Encore une obligation que je vous ai! Tout est rompu, grâce à l'attitude que vous m'avez fait prendre.

GIBOYER, à part.

Je m'en doutais bien.

MARÉCHAL, arpentant la scène avec agitation.

Ma pauvre enfant! Un mariage annoncé partout! la corbeille achetée, les bans publiés! Comment la marierai-je à présent? Et tout cela par votre faute, Monsieur.

GIBOYER, immobile et froid.

Cette rupture ne vous préoccupait guère, quand je suis arrivé.

MARÉCHAL.

Hélas! je comptais sur ma gloire pour en réparer l'effet. Ma gloire! autre crève-cœur! Vous me livrez sans défense aux ennemis que vous m'avez faits! Je suis la bête noire d'un parti puissant et rancunier! Les quolibets vont pleuvoir

10

sur mon silence. Je n'ai plus qu'à me retirer de la scène politique, à aller planter mes choux. Le désastre est complet! le père est encore plus compromis que la fille! (Il s'assied à droite.)

GIBOYER.

Bah! une riche héritière n'est jamais assez compromise pour ne pas trouver un mari.

MARÉCHAL, abattu.

Oui, quelque gandin sans fortune qui la prendra pour son argent et qui la rendra malheureuse.

GIBOYER.

C'est vrai, vous avez raison... je ne songeais pas à ça. Un jeune homme désintéressé qui l'épouserait pour elle-même... c'est l'oiseau rare. Et puis, en supposant que vous mettiez la main dessus, voilà mademoiselle votre fille tirée d'embarras; mais vous, non.

MARÉCHAL.

Parbleu!

GIBOYER.

A moins que votre gendre ne fût de force à remplacer mon neveu auprès de vous; et cela ne se trouve pas non plus dans le pas d'un cheval.

MARÉCHAL.

A qui le dites-vous!

GIBOYER.

D'ailleurs, c'est bien assez d'un homme dans le secret de votre travail.

MARÉCHAL.

C'est déjà trop.

GIBOYER.

Comment sortir de cette impasse?

MARÉCHAL, se frappant le front.

Mais que nous sommes bêtes! Ça va tout seul. (Il va sonner à la cheminée.)

GIBOYER, à part.

Avec un peu d'aide.

MARÉCHAL, à part, redescendant en scène.

Ça me fera le plus grand honneur. D'ailleurs, je ne peux
pas faire autrement. (Au domestique qui est entré.) — Priez Mademoiselle de venir me parler.

GIBOYER.

Vous avez une idée?

MARÉCHAL.

Ce ne sont jamais les idées qui me manquent, mon cher,
c'est le style. Je vais vous étonner.

GIBOYER.

Que méditez-vous donc?

MARÉCHAL.

Ne cherchez pas : vous ne trouveriez jamais. Ils sont rares
les hommes qui conforment leurs actes à leurs paroles; j'en
suis un. Je suis tout d'une pièce, moi, carré par la base :
ce que je pense, je le dis; ce que je dis, je le fais.

GIBOYER, à part.

C'est étonnant comme je suis roué, quand il ne s'agit pas
de moi.

SCÈNE VI.

Les Mêmes, FERNANDE.

MARÉCHAL.

Ma fille...

GIBOYER, à part.

La voilà !

MARÉCHAL.

Je te présente M. de Boyergi, oncle de Maximilien. —
Sais-tu ce qu'il vient de m'apprendre? Le départ de son
neveu pour l'Amérique.

FERNANDE.

Il part? il ne m'en avait rien dit.

GIBOYER.

C'est une résolution de ce matin, Mademoiselle.

FERNANDE.

Ne viendra-t-il pas nous faire ses adieux?

GIBOYER.

Il a très-peu de temps à lui; il m'a chargé de vous présenter ses devoirs.

FERNANDE.

Il nous croit donc bien peu de ses amis? Dites-lui, Monsieur, que j'aurais été heureuse de lui serrer la main, et que
je lui souhaite tout le bonheur dont il est digne.

MARÉCHAL.

Il s'agit bien de bonheur pour lui! Sais-tu la cause de
cette résolution désespérée? Monsieur ne voulait pas me la
dire; mais on ne me cache rien à moi. Ce pauvre jeune
homme s'en va pour t'oublier.

FERNANDE.

M'oublier?... (A Giboyer.) Croyez bien, Monsieur, que je ne
suis coupable d'aucune coquetterie. Le hasard seul a fait
naître entre nous une espèce d'intimité que je regrette profondément, puisqu'il devait en sortir pour M. Gérard autre
chose que de l'amitié.

MARÉCHAL.

C'est bel et bon, mais le mal est fait. Eh bien! ça me dé-
sole. Je fais le plus grand cas de ce jeune homme, moi. C'est
un garçon d'un rare mérite et d'une élévation de sentiments
plus rare encore.

FERNANDE.

Tu ne lui rends pas plus justice que moi.

MARÉCHAL.

Il est pauvre, tant mieux! Bref, il ne dépend que de toi qu'il soit mon gendre. (à Giboyer.) Vous ne vous attendiez pas à celle-là, hein? (à Fernande.) Eh bien? acceptes-tu?

FERNANDE.

Oui, mon père.

GIBOYER.

Ah! Mademoiselle, merci! je cours lui apprendre...

LE DOMESTIQUE, annonçant.

M. Gérard.

GIBOYER.

Ah! les amoureux!... Il voulait partir sans vous revoir!

MARÉCHAL, bas.

Chut! laissez-moi faire! (Il s'assied sur le fauteuil au milieu de la scène; Fernande debout derrière lui.) — Qu'il entre!

SCÈNE VII.

LES MÊMES, MAXIMILIEN.

GIBOYER, à Maximilien, qui s'arrête un peu confus en le voyant.

Eh bien! oui, c'est moi.

MAXIMILIEN, à Maréchal.

Je vois, Monsieur, que je n'ai plus à vous annoncer mon départ. Je viens prendre congé de vous et de... votre famille.

MARÉCHAL, jouant la sévérité.

Ma famille, Monsieur, applaudit d'autant plus à votre résolution, qu'elle en connaît la véritable cause.

MAXIMILIEN, à Giboyer.

Que signifie?...

GIBOYER, joyeux.

J'ai tout avoué.

MAXIMILIEN.

De quel droit livres-tu mon secret?

MARÉCHAL.

Ce n'est pas sa faute : je le lui ai extirpé, si j'ose m'exprimer ainsi. Ah! mon gaillard, vous vous permettez d'aimer ma fille! Vous n'êtes pas gêné.

MAXIMILIEN.

Monsieur...

MARÉCHAL, se levant.

Eh bien! moi... je vous la donne.

MAXIMILIEN.

Ah! Monsieur, cette raillerie...

GIBOYER.

Il ne raille pas!

MAXIMILIEN, très-ému.

Quoi! Monsieur, vous consentez!... Et vous, Mademoiselle... malgré ma pauvreté!

MARÉCHAL.

Votre mérite est une fortune.

MAXIMILIEN.

Malgré ma naissance!

GIBOYER, anéanti, à part.

Je l'avais oubliée!

MARÉCHAL.

Qu'est-ce qu'elle a donc de particulier votre naissance?

MAXIMILIEN.

Ne le savez-vous pas? Je ne porte que le nom de ma mère.

MARÉCHAL.

Quoi! comment? Père inconnu!... (A Giboyer.) Et vous n'en disiez rien?

GIBOYER.

Hélas ! je n'y songeais plus !

MARÉCHAL.

Vous n'y songiez plus, saprelotte ! il fallait y songer. Ce n'est pas un détail indifférent. Si je brave les préjugés... je les respecte ! et pour le monde...

GIBOYER.

Pour le monde, mon neveu est un orphelin, et personne ne s'avisera de vérifier son état civil.

MARÉCHAL.

Au fait, c'est vrai. Personne n'ira vérifier... Et puis, c'est un énorme avantage d'épouser un orphelin. On n'épouse que son mari, pas de famille !

MAXIMILIEN.

Pardon, Monsieur ; j'ai mon père.

GIBOYER, vivement.

Peu importe ! il n'a aucun droit sur lui, ne l'ayant pas reconnu.

MAXIMILIEN.

S'il n'a pas de droits devant la loi, il en a dans son cœur. Tu m'entends ?

MARÉCHAL, à Giboyer.

Qu'est-ce que c'est que ce père ? Comment s'appelle-t-il ?

MAXIMILIEN.

Giboyer.

MARÉCHAL.

Giboyer ? L'auteur des biographies, le pamphlétaire ?

GIBOYER, courbant la tête.

Oui.

MARÉCHAL, à Maximilien.

Mais, mon cher ami, à un pareil père vous ne devez rien

ni devant Dieu ni devant les hommes. Vous êtes trop heureux qu'il ne vous ait pas empêtré de son nom...

MAXIMILIEN, avec éclat.

C'est pour cela qu'il ne m'a pas reconnu, et non pour se soustraire aux devoirs de la paternité. Il les a accomplis avec une abnégation surhumaine. Il m'a fait litière de son corps et de son âme. Qu'on le juge comme on voudra, je suis sa vertu, et ce n'est pas à moi de le renier ! Il ne m'a pas reconnu, mais moi, je le reconnais ; car il s'est légitimé par le dévouement.

GIBOYER, d'une voix tremblante.

S'il t'entendait, il serait trop payé ! mais laisse-le achever sa tâche ! Puisqu'il a consacré sa vie à aplanir la tienne, ne lui inflige pas cette douleur, la seule qu'il n'ait jamais prévue, de devenir obstacle lui-même ; ne lui refuse pas l'amère volupté du dernier sacrifice. (A Maréchal, d'une voix ferme.) Je vous le promets en son nom, Monsieur, il disparaîtra, il s'en ira... bien loin.

MAXIMILIEN.

Où il ira, j'irai : c'est mon devoir, c'est ma joie. Je ne le séparerai pas du seul homme qui puisse entourer sa vieillesse de respect et s'agenouiller à son lit de mort.

MARÉCHAL.

Ces sentiments-là vous honorent, mais ils sont absurdes, n'est-il pas vrai, monsieur de Boyergi ? (Il passe au milieu.)

GIBOYER.

Oui.

MARÉCHAL.

Vous pleurez ? Eh ! mon Dieu, croyez-vous que moi-même je ne suis pas ému ? Je le suis ! Je rends justice à ce brave monsieur Giboyer, et je lui serrerais bien volontiers la main... dans un coin; mais je ne peux pas en faire ma société, quand le diable y serait. (Passant à gauche.) Ne me demandez pas l'impossible.

MAXIMILIEN.

Je ne demande rien, Monsieur.

MARÉCHAL, à part.

C'est souvent une manière de tout obtenir; je la connais. (Haut.) Je vous déclare que je suis au bout de mes concessions. Choisissez entre votre père, puisque père il y a... et ma fille.

MAXIMILIEN.

Mais, Monsieur, je n'ai pas même le droit de délibérer.

GIBOYER.

Je t'en supplie, ne t'inquiète pas de lui. Tu ne connais pas ces dévouements farouches qui se repaissent d'eux-mêmes. Va, le plus doux compagnon que tu puisses donner à sa vieillesse, c'est la pensée que tu es heureux.

MAXIMILIEN.

Plus il me pardonnerait mon ingratitude, moins je me la pardonnerais, moi! — Non!

GIBOYER, tristement.

N'en parlons plus.

MARÉCHAL, avec humeur.

N'en parlons plus. Allez en Amérique, et grand bien vous fasse! Vous n'aimez pas ma fille, voilà tout.

MAXIMILIEN, tombant dans le fauteuil du milieu avec un sanglot.

Je ne l'aime pas!

MARÉCHAL, de la porte.

Viens, Fernande. (Fernande, qui a suivi toute la scène du fond du théâtre, s'avance lentement vers Maximilien et, lui prenant la tête entre ses mains, lui donne un baiser au front. Puis elle se redresse et regarde son père.) Es-tu folle? Me voilà bien maintenant! Vous triomphez, Monsieur, vous êtes maître de la situation; il ne vous reste plus qu'à amener M. Giboyer chez moi et qu'à l'installer dans ma robe de chambre.

FERNANDE, à Giboyer.

Je serai heureuse, Monsieur, que vous m'appeliez votre fille.

MARÉCHAL.

Quoi! c'est lui?

FERNANDE.

Tu ne l'avais pas deviné? (Elle tend ses mains à Giboyer, qui les couvre de baisers.)

MARÉCHAL.

Mais alors, il n'y a rien de changé dans une situation... que j'acceptais. Ce que je vous demande, monsieur de Boyergi, c'est de n'y rien changer.

GIBOYER.

Je n'en ai pas envie.

MARÉCHAL, à part.

J'aurai deux secrétaires au lieu d'un.

GIBOYER, à part.

C'est égal, je partirai pour l'Amérique après le mariage.

LE DOMESTIQUE, annonçant.

M. le marquis d'Auberive.

SCÈNE VIII.

LES MÊMES, LE MARQUIS.

MARÉCHAL.

Arrivez, monsieur le Marquis, et soyez le premier à apprendre le mariage de votre pupille.

LE MARQUIS, regardant Gérard et Fernande.

Avec monsieur Gérard? Je m'y oppose.

MARÉCHAL.

Oh! oh! vous vous y opposez! Et de quel droit? Je suis le père de ma fille, peut-être?

LE MARQUIS.

C'est vrai; mais savez-vous qui est Monsieur?

FERNANDE.

Je l'aime!

LE MARQUIS, à part.

Patatra!... Non! (Haut.) Ventre-saint-gris! je m'étais habitué à l'idée que vous épouseriez quelqu'un des miens, ma chère Fernande, et à mon âge on ne change plus ses habitudes. — Jeune homme, vous êtes orphelin... par destination du père de famille; je n'ai pas d'enfants; je vous ai donné les soins requis par le code: je vous adopte.

MARÉCHAL.

Hein?

GIBOYER.

Je vous remercie du fond du cœur, monsieur le Marquis.

MAXIMILIEN.

Moi aussi, je vous remercie bien; mais je ne suis pas accoutumé à avoir beaucoup de pères; j'en ai trouvé un bon, et je m'y tiens.

LE MARQUIS.

Prenez garde! C'est de la grandeur d'âme aux dépens de Fernande.

FERNANDE.

Cette noblesse-là me suffit.

LE MARQUIS, à Maréchal.

Il me semble qu'on pourrait vous consulter un peu.

MARÉCHAL.

Ce ne serait que convenable, et j'avoue que je serais enchanté que mon gendre... Ah! mais non! Ah! mais non! je suis démocrate.

GIBOYER, à part.

C'est qu'il le croit!

LE MARQUIS.

Allons, puisque vous perdez tous l'esprit... (A part.) J'adopterai mon petit-fils!

FIN.

PARIS. — IMPRIMERIE DE J. CLAYE, RUE SAINT-BENOIT, 7.